LE FOURNISSEUR

ET

LA PROVENÇALE.

PARIS. — IMPRIMERIE DE COSSON,

RUE SAINT-GERMAIN-DES-PRÉS, N° 9.

LE FOURNISSEUR

ET

LA PROVENÇALE,

ROMAN DE MOEURS ;

PAR L. B. E. L. DE LAMOTHE-LANGON,

Auteur de *Monsieur le Préfet*, de *l'Espion de Police*, du *Grand Seigneur et la Pauvre Fille*, etc.

Redite depositum : pietas sua fœdera servet.

Rendez fidèlement un dépôt et observez religieusement vos conventions.

OVIDE, *Art d'aimer*, chant I.

TOME PREMIER.

PARIS,

MAME ET DELAUNAY-VALLÉE, LIBRAIRES,

RUE GUÉNÉGAUD, N° 25.

1830.

LE FOURNISSEUR

ET

LA PROVENÇALE.

———

CHAPITRE PREMIER.

LE MARTEAU SANGLANT.

> *Pulchrum ornatum turpes mores pejus*
> *cœno collinunt.*
>
> PLAUTE, *le Pœnule*, acte 3, sc. I.
>
> Une belle parure est moins salie par la
> boue que par des mœurs corrompues.

UNE compagnie d'ouvriers descendait à sept heures du soir, et dans Paris, la rue d'Argenteuil. Ils venaient de la Chaussée-d'Antin, et se dirigeaient vers le faubourg Saint-Jacques, où la plupart d'entre eux

demeuraient. Un individu, jeune et d'une
figure agréable, cheminait en sens contraire. Il était vêtu avec simplicité; une parure recherchée devenait presque un motif
de condamnation à mort à cette époque
fatale de notre histoire : nous étions en
1794. Ce jeune homme se baissa tout à
coup, ramassa un instrument de travail
qu'il venait d'apercevoir par terre, et, s'a-
dressant aux ouvriers qui passaient :

« — A qui ce marteau? » demanda-t-il.

« — Pas à moi. — Ni à moi. — J'ai le
mien, » lui fut-il répondu par plusieurs
voix. Un autre maçon s'approchant, regarda le marteau, et reculant avec un mouvement d'effroi :

« — Citoyen, dit-il, tu peux en faire
ta propriété, nul ne te le réclamera. Ne
vois-tu pas le sang tout frais qui le couvre? »

Le jeune homme plaça le marteau de
manière à le bien voir à la clarté mourante
du jour; il reconnut la vérité de ce que
l'ouvrier venait de lui dire; et il le laissa

tomber avec dégoût sur le pavé. Il poursuivit sa route, et, prenant par la butte Saint-Roch, il descendit la rue des Moulins.

La rue d'Argenteuil n'est guère fréquentée quand vient la nuit; elle l'était moins que jamais au temps dont je vais raconter un épisode, car, dès le soleil couché, les habitans de Paris ne sortaient plus sans un besoin urgent. Il passa peu de gens dans ce quartier, et une demi-heure après, une créature parée d'une robe rouge et noire, d'un demi-chapeau mal fagoté, de quelques bijoux et d'une mantille de satin bleu, sortit d'une maison voisine, et se promena dans la rue, en allant principalement du côté de celle des Frondeurs. Elle était jeune, et déjà on pouvait dire qu'elle avait été belle. Une riche taille, de larges épaules, des traits fortement dessinés, mais expressifs, une peau blanche, de longs cheveux noirs, composaient un ensemble qui aurait pu être agréable si de l'effronterie, si les habitudes du vice, si les marques de la débauche et de l'intempérance ne l'eussent pas dégradée. Tout en elle repoussait l'homme honnête, et attirait en même temps le libertin de bas étage.

Cette femme, connue dans le quartier sous le nom de la Provençale, et qui, en parlant d'elle, se qualifiait de citoyenne Clotilde, jouissait d'une certaine réputation au milieu de sa vie désordonnée; elle vivait seule avec une sorte de monstre qu'elle appelait sa mère; elle ne faisait point de dettes; elle occupait un appartement de quatre pièces au second étage, proprement meublé; elle causait avec ses camarades dans la rue, et ne les recevait point chez elle. Ceci lui aurait attiré leur colère, et les aurait conduites à la vengeance; mais une protection terrible, quoique mystérieuse, environnait la Provençale. On savait que Saint-Just venait la voir souvent, et que parfois elle soupait chez l'*incorruptible* Robespierre. Henriot même la connaissait; c'en était assez pour que, faisant plus que la respecter, on la craignît. Aussi, loin de la maltraiter de paroles, on se montrait poli à son égard, et on recevait comme des faveurs les mots grossièrement bienveillans qu'elle adressait à la canaille des deux sexes dont elle était entourée.

La Provençale possédait les qualités et les défauts du climat où elle était née, et en avait la vivacité, la pétulance, la franchise désordonnée, les passions impétueuses, le caractère ardent, vindicatif, l'âme de feu, et le désir permanent de punir l'offense qui lui était faite. Elle était étourdie, légère, évaporée, rieuse; elle aimait le plaisir pour lui-même, et le préférait surtout à l'argent; elle avait de la générosité, une sorte de magnificence proportionnée à sa situation; elle était sensible et compatissante, trouvait un charme vrai à obliger, mais il ne fallait attaquer ni son cœur ni sa tête; elle devenait une lionne lorsque sa violence l'emportait; tout tremblait devant elle, hommes et femmes, jusqu'à sa mère, la vieille Pétronille Rascas, qui, elle aussi, était à redouter plus encore que la belle et fougueuse Clotilde.

Pétronille paraissait âgée beaucoup plus qu'elle ne l'était réellement; les passions l'avaient dévorée avant le temps. On aurait dit une personne parvenue au dernier degré de la décrépitude; elle était noire, ridée, courbée. Ses cheveux grisonnaient, sa bouche était démeublée; ses yeux seuls conservaient encore un feu sombre, dont l'expression faisait frémir; elle ne parlait que pour se plaindre, elle outrageait ceux qui l'approchaient; sa vie s'écoulait au milieu de querelles perpétuelles; on voyait que, pour s'arracher à l'amertume de ses souvenirs, elle avait besoin de se placer dans une agitation sans terme. Redoutée de ses voisines, haïe de tout le quartier, sa fille seule avait de l'empire sur elle. Pétronille souriait presque lorsque la belle Clotilde se montrait à elle dans toute la splendeur de sa parure du soir ou de la décade.

Ce couple vivait donc en bonne intelligence, non sans que parfois il ne s'élevât entre lui quelques disputes, et cela ne pouvait être autrement; mais elles duraient

peu, et une tendresse sincère les amenait
vite à un raccommodement qui ne l'était
pas moins. La cause principale de leurs
castilles provenait d'une chambre meublée
qui faisait partie de leur logement, et que
chacune prétendait louer à sa fantaisie.
Clotilde voulait souvent la donner à des
jeunes gens de bonne tournure qui payaient
mal ; la mère Rascas préférait une femme
bien nippée ou un vieil employé dont on
pouvait tirer parti. Cette pomme de dis-
corde amenait des scènes vives et prolon-
gées. En ce moment la chambre était
libre.

La Provençale descendait peu dans la
rue ; elle n'y paraissait le soir, et en costume de la profession, que par manière
d'acquit ; elle n'accueillait pas le premier
venu, et il fallait presque lui plaire pour
obtenir la faveur de l'accompagner chez
elle. Clotilde avait des caprices, des fantaisies ; elle aurait pu tenir son rang dans
un cercle plus relevé ; mais alors où était la
bonne compagnie ? dans l'exil, dans les

cachots, ou réfugiée au fond d'une province. Les vapeurs, les migraines avaient disparu, les temps ne permettaient plus aux jolies femmes d'être malades. Ce n'est point en présence de la mort qu'on pouvait se livrer à ces mignardises de la vie calme et heureuse.

Clotilde, en entrant dans la rue, heurta son pied contre un corps solide; elle regarda, aperçut le marteau dont il a été question au commencement de ce chapitre, et, ne voyant auprès aucun individu qu'elle pût en croire le propriétaire, elle le ramassa. L'obscurité ne lui permit pas de voir les traces de sang qui le couvraient encore. Elle le cacha sous sa pelisse, et continua de se promener.

Une demi-heure s'était écoulée, et nul amateur n'était venu causer avec la Provençale. L'humeur s'emparait d'elle, l'humeur du dépit de son isolement. Elle allait rentrer..... déjà elle regagnait la porte de sa maison, lorsqu'un homme s'approcha. Il était vieux; il paraissait riche.

« — Mademois... citoyenne, dit-il, loges-tu loin ? »

« — Ah ! vilain aristocrate, répondit-elle sans trop le regarder, n'as-tu pas honte de t'adresser à une vigoureuse patriote ? »

« — J'ai l'honneur de l'être aussi, répliqua-t-il avec émotion, et hier encore j'avais à dîner les citoyens Tallien, Vadier et Billaud-Varennes. »

« — Et les as-tu appelés messieurs comme tu m'as appelée mamselle ? »

Le vieillard ne répondit pas. Il examinait l'écriteau placé au-dessus de la porte ; il le lut à haute voix : *Chambre à louer.*

« — A qui la chambre ? » demanda-t-il.

« — A moi. »

« — Peut-on la voir ? »

« — A toute heure de jour et de nuit, » dit Clotilde en riant et rentrée dans l'esprit de son rôle, persuadée que le désir de louer la chambre n'était point ce qui occupait cet individu. Elle passa devant lui, traversa l'allée, une sorte de cour qui était au bout, et elle monta l'escalier. La

chambre était située dans le corps de derrière de la maison et au second étage ;
c'était là où, en attendant le locataire à
venir, des mystères secrets avaient lieu.
Clotilde crut servir la fantaisie du vieillard
en le conduisant à ce lieu, et comme son
logement habituel était placé vis-à-vis, et
donnait sur la rue, elle alla y chercher de
la lumière, laissant celui qu'elle prenait
pour l'un des adorateurs de ses charmes,
seul, appuyé sur la rampe de l'escalier.

Cet individu avait au moins soixante ans.
Il n'était ni grand ni petit, mais d'une taille
moyenne et forte ; son embonpoint ne se
présentait pas néanmoins sous un aspect
extraordinaire. Monsieur, ou plutôt le citoyen Clourfond portait sur sa figure,
d'ailleurs assez belle, un mélange de fi-
nesse, de duplicité, de contentement de
soi-même, d'orgueil et de bassesse très-
remarquable. Il était facile de reconnaître
que c'était un homme riche, et l'observateur voyait dans ses gestes, dans ses manières, dans la position de son corps, que

son indépendance des autres, que sa
supériorité sociale étaient toutes nouvelles. Il n'avait pas encore eu le temps
de s'affermir dans son nouvel état; il conservait malgré lui quelque chose de l'ancien,
des formes souples, obséquieuses, une
habitude de n'avoir pas d'opinion à soi,
une tendance perpétuelle à rendre dans un
salon certains petits services que dédaignent
ceux habitués à y passer leur vie. Il se
baissait malgré lui pour ramasser un mouchoir tombé; se précipitait vers la porte
pour épargner à quelqu'un d'important la
peine de tirer un cordon de sonnette pour
appeler un domestique; enfin il s'emparait
avec une dextérité admirable de la sou-
coupe, de la tasse ou des verres d'eau su-
crée qui embarrassaient parfois les doigts
délicats d'une jolie femme. Ces actes n'arrivaient pas toujours : le citoyen Clourfond
obéissait, en les faisant, à un mouvement in-
volontaire, au lieu que, tant qu'il le pouvait, il tâchait de conserver une sorte de
dignité qui lui séyait mal.

Au demeurant, on pouvait à cette
époque se passer de dignité dans les manières ; elle aurait été un signe de mort
pour ceux qui l'eussent montrée naturel-
lement ; on ne voulait alors qu'un aspect
grossier, une tournure commune, que des
paroles dures, que des gestes à l'avenant,
et pourtant les chefs du gouvernement,
tout en jouant à l'extérieur le rôle de sans-
culottes, conservaient cependant avec leurs
amis intimes moins de rudesse et de féro-
cité ; non que ceci allât jusqu'à l'abandon
et à la bonne grâce : ils auraient eu trop de
frayeur de passer pour modérés ou aristocrates. Clourfond, qui ne comptait pas
dans leurs rangs, mais qui les recevait
chez lui, pouvait plus qu'eux faire preuve
d'aisance et de hauteur, pourvu qu'il hu-
miliât celle-ci devant les conventionnels.
Il tâchait donc, au moment où la France
était bouleversée, d'acquérir ce qui lui
manquait. Sa fortune considérable le mettait en mesure de contenter ses goûts et
ses fantaisies, et pourtant il n'était point

satisfait. Il y avait en lui des tressaillemens, des inquiétudes subites, des angoisses que rien ne motivait. Il parlait seul souvent, semblait écouter avec attention une réponse qu'il se faisait à lui-même ; enfin, on voyait clairement que sa conscience était troublée.

Dirai-je qu'au moment où Clotilde le quitta, un frisson le saisit? Il parut craindre de se trouver seul, et dans un escalier obscur. Cette situation dura peu. La fille revint ; elle portait un flambeau ; elle ouvrit rapidement la porte de la chambre, que précédait une première pièce étroite, et fut poser le chandelier avec non moins de vivacité sur la commode voisine. Cela fait, elle se retourna vers son convive, et comme la lumière éclaira en plein le visage de celui-ci, elle put le voir à son aise. Tout à coup Clotilde poussa le cri d'une horreur étouffée ; elle se recula vers le fond de la chambre, et tendant ses mains en avant :

« — Sortez, s'écria-t-elle, sortez, misérable que vous êtes, et au nom de Dieu, ne m'approchez pas. »

Le changement rapide qui s'opéra dans Clotilde, cet effroi, ce dégoût qui succédèrent à sa gaieté première, plongèrent Clourfond dans une surprise inexprimable. Il n'obéit cependant pas au geste et à l'ordre impérieux de la fille, et prenant la parole :

« — A qui en as-tu, ma belle, dit-il, et quelle mouche te pique ? Cette chambre n'est-elle pas à louer, et ne sommes-nous pas montés pour la voir ? »

« — Est-ce pour cela, pour cela seulement ? murmura Clotilde d'une voix sourde ; est-ce bien à la chambre que vous en voulez ? »

« — Je suis trop vieux pour prétendre à autre chose, répliqua le vieillard en ricanant, et quoique tu sois fort gentille, et que ta fraîcheur... »

« — Taisez-vous, dit Clotilde avec un mépris plus marqué encore ; ne me parlez que de cette chambre, si vous ne voulez pas que je me précipite par la fenêtre. »

« — Elle est folle, se dit Clourfond en lui-même. Eh bien, soit, causons d'affaire ; aussi est-ce pour cela que je suis venu. »

Il tira à lui une chaise et s'assit. Clotilde, toujours dans un état impossible à décrire, demeura éloignée ; son sein était agité, sa figure bouleversée ; un rouge ardent couvrait ses joues, et il partait des éclairs d'indignation de ses yeux grands et noirs. Clourfond ne parut pas s'en apercevoir. Il garda un instant le silence, et puis prenant la parole, il apprit à sa compagne ce qu'il attendait d'elle.

« — J'ai une jeune personne dont la position est précaire ; elle est sans fortune ; je suis son protecteur unique, et si je venais à lui manquer, elle perdrait tous ses moyens d'existence. Une femme à qui je l'avais confiée vient de mourir. Je souhaite trouver dans ce quartier un logement propre et décent, pas trop cher, et où puisse venir demeurer Adélaïde Sendier ; c'est ainsi que s'appelle ma pupille. Elle a quinze ans, elle sait coudre assez pour gagner sa vie, et cependant je lui accorde de mes aumônes cinquante francs par mois; elle est jolie, fort ingénue, très-ignorante, ne se méfie de personne. Voulez-vous la caser dans cette chambre, et quel prix faudra-t-il la payer? »

« —Pour tout autre que vous, répondit Clotilde, le prix du loyer est de cent francs d'assignats par mois ou de cinquante francs d'argent, et pourtant je vous la céderai à vingt-cinq francs. »

« — C'est bien cher. »

« — Non, c'est bon marché au contraire. Songez à la sûreté de la maison, à la paix qui y règne, à la bonne conduite de ceux qui l'habitent. Certainement vous prétendez qu'Adélaïde Sendier mène une vie honorable, sans cela vous ne l'établiriez pas ici. »

«—Assurément j'entends qu'elle soit honnête créature, répliqua Clourfond surpris de l'ironie amère que Clotilde mettait dans sa réponse ; je veux en faire une vertu accomplie. »

Un sourire infernal accompagna ces mots ; la fille en frémit ; il y eut un instant où son âme fit montre de se dévoiler, elle se retint néanmoins.

« — Vingt - cinq francs et trois mois payés d'avance, ceci, vieux coquin, te semble-t-il trop dur ? »

« — Vingt francs, et que tout soit dit. »

« — Non, cinq de plus. Qu'est-ce pour toi que cinq francs ? je présume que tu en as bien davantage au service de la république ? »

« — J'ai de la peine à nouer les deux bouts, et ce que j'ai offert... »

« — Ne sera pas accepté ; va-t-en ailleurs chercher une autre chambre. »

« — Celle - ci est comme je la veux. Allons, vingt-cinq francs soit, mais un seul mois d'avance. »

« — O misérable fesse - matthieu ! dit Clotilde ; tu marchanderais, j'en suis certaine, ta béatitude éternelle ! Je suis plus ronde que toi, paie le premier mois et n'oublie pas les autres à leur arrivée ; la chambre est à toi, et tu peux ce soir même y faire coucher ta pupille et le brave tuteur qui n'hésite pas à l'établir dans un mauvais lieu. »

Clourfond ne fit pas semblant d'avoir entendu la fin de ce propos, il sortit de sa bourse noire et sale une pièce d'or de vingt-quatre francs, puis une d'argent et d'Espagne de vingt sous, il les apporta à Clotilde, qui, le voyant s'approcher d'elle, fit de nouveau un mouvement comme pour se reculer, et en même temps elle lui désigna par un geste le dessus de la commode, où il posa l'argent.

« —A demain donc, » dit-il en prenant son chapeau.

« — Oui, à demain, vieil avare, toi et l'enfer qui ne te quitte pas. »

Le compliment n'était pas agréable, Clourfond le méprisa. Il sortait, son pied heurta quelque chose qui retentit en frappant contre la porte.

« — Prenez garde, s'écria Clotilde, vous allez casser mon marteau. »

C'était celui qu'elle venait de trouver dans la rue, et que, en entrant dans la chambre, elle avait laissé glisser par terre.

«— Le voilà, » dit Clourfond en le ramassant ; mais en même temps la lumière, à laquelle il présenta ce marteau, le lui fit voir teint encore de sang. Il frissonna de tout son corps, jeta un regard effaré autour de lui, bientôt ses forces l'abandonnèrent, il tomba sur une chaise en disant :

« — Eh quoi ! ce sang vengeur me poursuivra-t-il toujours ? »

Clotilde se méprit à la cause de l'émotion violente de Clourfond ; elle crut qu'à la vue de ce sang, qu'elle aussi apercevait pour la première fois, le vieillard se figurait être entré dans un coupe-gorge. Elle, malgré le sentiment inconnu qui le lui faisait haïr, eut une sorte de pitié de cette épouvante.

«—Tranquillisez-vous, dit-elle, on ne tue personne chez nous ; je viens de trouver ce marteau dans la rue, et je vais l'y rejeter. »

« — Non, non, qu'il ne paraisse plus au grand jour, reprit Clourfond tout hors de lui. A quel prix voulez-vous le mettre? cent louis, mille écus? je vous les donne. »

« — Il vaut quatre mille francs, » dit Clotilde en riant.

«—Les voilà, citoyenne,» répliqua Clourfond en sortant de sa bourse les pièces d'or qui devaient former la somme.

La fille écoutait immobile, et laissait faire l'acquéreur du marteau, qui, les quatre mille francs comptés, se leva et sortit de la maison avec une précipitation telle, que Clotilde ne put le suivre ni lui donner le marteau, qu'il oublia après l'avoir payé à un si haut prix, à tel point sa tête était perdue, à tel point la main du ciel pesait sur lui en ce moment.

CHAPITRE II.

LA MÈRE ET LA FILLE.

> Il y a dans le crime des élans de vertu
> qui étonnent l'observateur, et l'homme
> le plus méchant montre par quelque
> côté sa céleste origine.
>
> *Anonyme.*

CLOTILDE elle aussi n'était pas tranquille ; elle demeura plusieurs minutes ensevelie dans ses réflexions ; elle passa sa main sur ses yeux comme pour s'assurer si elle était éveillée, et, par un mouvement machinal, elle posa son mouchoir sur les louis et sur le marteau ensanglanté. Elle rêvait encore, lorsque le pas lent de sa mère se faisant entendre la sortit de cet état de stupeur. Pétronille n'était pas gaie, et surprise de voir sa fille seule et en repos, elle lui dit avec aigreur :

« — Ah! Clotilde, la marmite bout donc sans feu; nous sommes donc riches puisque tu demeures les bras croisés non moins que le faisait jadis une ci-devant duchesse. »

« — Riches, ma mère, oui, riches, et cela par une bonne voie. Oh! nous ferons fortune si la suite répond à ce début. D'abord je viens de louer cette chambre. »

« — A qui? »

« — A un vieux coquin et pour une jeune fille. »

« — Bien cher, mon enfant? »

« — Cher ou non, elle est louée, ma mère. »

« — Tu auras plumé le coq. »

« Vingt-cinq francs par mois, » articula à voix basse Clotilde, et comme si elle était certaine de l'orage qui fondrait sur elle.

« — Vingt-cinq démons et deux dou-zaines de Tarasques (1) qui te dévorent ! Misérable scélérate, qui prends plaisir à nous ruiner, as-tu perdu en entier ta mé-chante tête en donnant pour rien cette perle à un vieux juif ? ne pas la lui faire payer et archipayer ! Va, tu ne seras jamais qu'une coquine sans cervelle, et tu mourras moins bien encore que sur un fumier. »

« — La, la, ma douce et tendre mère, re-prit Clotilde en souriant, voyez, avant de me gronder, si j'ai mérité en tout vos reproches. J'ai cédé, il est vrai, cette chambre pour vingt-cinq francs, ce qui, enfin, est un prix raisonnable en considé-rant l'époque, la maison et la rue ; mais que diriez-vous si, de ce mauvais marteau

------

(1) Nom d'un monstre très fameux en Provence, et en particulier à Tarascon.

trouvé dans le ruisseau naguère, j'avais eu une telle somme... »

« — Trois livres, un assignat de six francs, peut-être. »

« — Non, ma mère, mais bien quatre mille francs en or que voilà. »

Et en disant ces mots, Cotilde enleva rapidement le mouchoir qui couvrait la somme abandonnée par Clourfond. A la vue de ce tas de louis, la vieille Rascas demeura comme pétrifiée; ses yeux s'allumèrent; une rougeur subite parcourut ses joues pâles, et elle frémit de tous ses membres, autant de plaisir que d'effroi, car elle avait aperçu en même temps les taches de sang qui couvraient l'outil, et elle savait que sa fille ne pouvait gagner honnêtement autant d'argent. Une main s'avançait de ce côté par un mouvement machinal; l'autre au contraire reculait le marteau, afin que sa présence accusatrice n'empoisonnât pas une joie à laquelle on voulait se livrer. Clotilde comprit ce qui agitait sa mère : elle eut pitié de son in-certitude.

« — Je vous promets, lui dit-elle, par la Sainte-Baume, qui est un lieu sacré, quoi qu'en disent ceux d'aujourd'hui, que c'est pour me payer ce marteau, et non pour solde d'un crime, qu'un fou m'a donné ces quatre mille francs ; que l'on sache à qui ce morceau de fer a appartenu, à quoi il a servi, ceci est un autre point dont je ne m'occuperai pas. »

« — Mais pourquoi, s'il tenait tant au marteau, ne l'a-t-il pas emporté ? »

« — Il faudra le demander à lui-même, car c'est à lui que j'ai loué la chambre. Que vous semble de ma conduite, main-tenant ? Sais-je faire si mal les affaires du ménage ? »

La femme Rascas essaya de sourire ; elle fit une horrible grimace. Clotilde cessant de plaisanter :

« — Ma mère, dit-elle, vous ne vous in-quiétez pas du nom de cet homme. »

« — Est-ce que nous le connaissons ? »

« — Un peu. »

« — Et lui ? »

« — Ne sait pas qui nous sommes. »

« — Et tu l'appelles ? »

« — Le citoyen Ambroise-Joseph-Barthélemy Clourfond. »

Ce fut au tour de Pétronille à manifester un sentiment extraordinaire qui éclata par des signes extérieurs. Le rouge momentané que la vue de l'or avait amené sur sa figure, disparut pour faire place à une pâleur cadavéreuse; elle trembla de tous ses membres, et pourtant autre chose que de l'effroi brilla dans ses yeux égarés; elle murmura quelques imprécations abominables. Elle s'assit à son tour, tandis que Clotilde lui racontait les événemens de la soirée, et ce qui s'était passé entre Clourfond et elle. Pétronille écoutait avec une curiosité avide; elle ne perdait aucun mot; elle savait d'un geste faire répéter ce qu'elle ne comprenait pas bien, et l'on voyait l'intérêt puissant qu'avait pour elle cette narration bizarre. Clotilde termina enfin son récit. Un long silence s'ensuivit. Pétronille était trop émue pour le rompre d'abord. Toutefois l'une des passions dominantes de son âme éveillée aussi la porta à faire un nouveau geste qui enjoignit à Clotilde de serrer l'argent. Elle le mit dans son mouchoir, l'emporta dans l'appartement du devant de la maison. Cela fut fait en deux minutes, et comme elle revenait, elle trouva sa mère qui s'était levée pour la suivre, et sans doute pour l'épier. Un tel soin dans un moment pareil indigna la fille. Sa mère s'énonçant enfin :

« — Et il est venu ici ? »

« — Oui. »

« — Et il a loué une chambre chez moi ? »

« — Oui. »

« — Et c'est pour sa pupille ?

« — Oui, ma mère.

« — Sa pupille ici !... ah ! malheureuse ! Ce scélérat n'a pas changé de caractère ; mais, Clotilde, il ne se doute pas à quelles mains il se confie ? »

« — Il n'y songe d'aucune façon. »

« — Eh bien, nous serons là pour tromper son espoir; pour nous placer entre le vice et la créature infortunée qu'il veut y plonger. Si c'était sa fille légitime, le cas serait différent. Comme il y aurait de la douceur à la descendre lentement dans la fange ! mais c'est peut-être sa fille naturelle; c'est une personne qu'il cherche à avilir : il n'y parviendra pas. Ecoute-moi, Clotilde, je suis ta mère, tu es mon sang chéri, et pourtant si tu ne veilles pas sur cette abandonnée autant que moi; si tu la livres au libertinage, par Saintes Marthe et Marie, par Saint Lazare, qui abordèrent en Provence, je te plongerai ce couteau dans le sein. »

— « Et vous le feriez comme vous le dites, répliqua Clotilde avec émotion, et je le mériterais, et je ne m'en plaindrais pas. Oh ! que je serais vile et basse si je consentais à le servir dans ses desseins, et si je lui témoignais autre chose que de la haine......

« — Clotilde, tais-toi : que je le haïsse, c'est dans la règle ; toi, tu dois te contenter de le maudire. »

Il n'en fut pas dit davantage; il se faisait tard; on entendit le bruit d'une marche hâtive sur l'escalier.

« — Voici Saint-Just, » dit Pétronille. C'était lui, en effet ; il accourait d'un pas précipité, parce qu'il était vivement ému. Il sortait de la Convention nationale, où l'on s'était querellé avec une violence extraordinaire.

« — Bonsoir, Clotilde, dit-il en se jettant à demi sur un large canapé. Ah! mère Rascas, est-ce que l'heure du sabbat n'est pas encore venue? Te voilà toute inoccupée. »

« — Et celle du branle des démons est certainement passée, puisque tu viens ici, véritable tison d'enfer. »

« — Tu es échauffé, mon ami, ajouta Clotilde, en interrompant sa mère. Veux-tu boire de la bière ? »

« — De la bière, de la limonade, du

vin ; ce que tu voudras. Mon gosier est à
sec comme ma bourse ; il n'y a que le
cœur.... »

« — Si celui-là devenait caillou, je ne
m'en inquiéterais guère, dit Pétronille ;
mais Dieu nous sauve des amans qui n'ont
pas le sou. Sais-tu , Saint-Just, que pour
les filles d'amour les grands seigneurs d'autrefois promettaient meilleure récolte? »

« — Oui, ces papillons dorés qui frap-
paient l'air de leurs ailes, et qui n'ont pas
su mourir en France les armes à la main ;
ces chenilles brillantes, sangsues du
peuple, ne payaient point leurs créanciers,
et se ruinaient avec des actrices. Va les
chercher, Pétronille ; les uns courent
dans l'Europe en demandant l'aumône ;
le autres meurent chaque jour sur la place
de la Révolution? Il y a pour ta fille moins
de profit à m'avoir pour amant; mais il y
a plus de sûreté pour elle. »

« — Est-ce que tu ne t'enrichiras pas ? »

« Non, car il faut que la république
soit riche : je lui déroberais ce que je

prendrais pour moi. Je suis honnête homme, bon patriote ; je vivrai et je mourrai pour ma patrie. Oh ! que la gloire est préférable à la fortune ! »

Saint-Just se tut. Il leva sa tête vers le ciel, et ses yeux semblèrent chercher dans les espaces de l'immensité ces palmes civiques et guerrières auxquelles il croyait avoir droit. Pétronille ne comprit rien à sa rêverie. Clotilde, plus jeune, en devina quelque chose, car elle posa un baiser de satisfaction sur le front de l'enthousiaste fanatique.

Saint-Just démentait complétement dans son physique cet axiome, que les vices ou les vertus se peignent dans les traits de la figure. La sienne était charmante, gracieuse et douce ; elle portait un cachet de bonté, de sérénité remarquable. On aurait dit que les qualités les plus précieuses habitaient dans son cœur ; celui-ci pourtant était loin d'être pur. Saint-Just, quoique jeune encore (il était né en 1768), avait déjà parcouru une carrière de débauche et commis

plusd'une mauvaise action. Ennemi furieux
de la royauté et de toute justice fondée sur
les bases de la morale éternelle, il prenait
pour du stoïcisme son amour franc d'une
liberté sanglante. Moins voluptueux qu'a-
mateur de plaisirs grossiers, il recherchait
d'ignobles jouissances dans la société des
femmes perdues. Auteur du poëme licen-
cieux d'*Organd*, et de plusieurs autres ou-
vrages de peu de mérite, il joignait à la vanité littéraire celle plus à prétention d'un
farouche républicain. Séïde de Robespierre,
son ami intime, il était celui sur lequel reposait la sécurité de cet homme atroce; il méri-
tait un tel attachement par les services qu'il
avait déjà rendus; c'était lui qui demanda
le premier le supplice des Girondins, lui
qui traîna à l'échafaud Camille Desmoulins, qu'il sacrifia indignement à la vengeance de Robespierre. La France entendait prononcer avec horreur le nom d'un
jeune homme qui faisait verser le sang
partout où il se montrait, qui, dans ses

missions dévorantes, marchait accompagné sans cesse de la hache de mort.

Cependant, au milieu de cette terreur qu'il inspirait universellement, objet de haine et d'effroi, il cherchait dans une sorte de repos, de libertinage, des délassemens nécessaires à ses sens fatigués; il passait de la présidence de la Convention à la chambre modeste de Clotilde. Il parlait d'amour avec autant de véhémence qu'il en mettait à exprimer les agitations de sa fièvre politique. Nul n'aurait dit, en le voyant couché sur le canapé où je le montre dans ce moment, que cet homme à la figure céleste, aux formes si élégantes, aux propos si libertins ou si affectueux, était le même que ce Saint-Just, si redoutable à la tribune, et qui lançait le trépas sur tous ceux que dans son délire il appelait les ennemis de la république.

Clotilde, fière de son amant, dont elle admirait la beauté non moins que la douceur de son caractère, car ce tigre au-dehors devenait là une simple colombe, ne s'occu-

pait pas de ce qu'il faisait sur la scène politique, ou plutôt elle la voyait avec les yeu
de Saint-Just; elle partageait ses sentimens
ses opinions, et elle croyait la républiqu
sauvée chaque fois que nombre de tête
tombaient en masse, et que la Conventio
se décimait elle-même. Clotilde, née dan
la Provence, où elle passa ses première
années, en conserva cette superstition in
née dans le Midi, et il fallut que Saint-Just
à son tour respectât ses croyances fanati-
ques, sa vénération pour Marie-Madeleine,
le Lazare et la fameuse Marthe; qu'il ne se
moquât pas devant elle d'une dévotion
méticuleuse, qu'il ne doutât point de l'existence des follets, du Drack, démon du
Rhône; de la Tarasque; du pouvoir de la
verveine, et surtout des vertus du rosaire.
Ces faiblesses divertissaient le conventionnel, et l'une de ses jouissances était de
laisser parler sur de pareils sujets la mère et
la fille.

Ce soir-là, on se querella à propos de
deux couteaux que Saint-Just osa mettre en

croix, ce qui fit frémir Pétronille et Clotilde.

«—Cela porte malheur, lui dirent-elles; ne va pas affronter la puissance des génies de propos délibéré. »

« — Oui, cela porte malheur, répondit-il, mais à qui? aux ennemis de la république. La vue de couteaux dans cette position leur annonce le sort qu'on leur réserve, et puissent tous ceux qui la combattent être frappés du même coup. Fais-moi un baiser, Clotilde; la bière m'altère, j'ai besoin de tes caresses pour me rafraîchir. »

« — Aurons-nous bientôt une conspiration nouvelle?» demanda la fille du même ton qu'elle aurait dit : Me mèneras-tu demain à la comédie?

« — Ah! ma toute belle, ce n'est pas bientôt que nous en aurons une; il y en a chaque jour, les traîtres sont en permanence, ils complotent sans trève: et l'instrument de mort s'émousse tandis que leur perfidie est infatigable. Fouquier-Tainville a découvert tous les fils premiers d'une tentative coupable dans la prison du Luxembourg ; les détenus cherchent à renverser la Convention nationale ; ils s'allient avec Pitt et Cobourg ; mais patience, la foudre les écrasera en masse, les jugemens entraînent trop de formalités ; je suis, moi, pour un autre deux et trois septembre.

« — On se révoltera donc toujours, dit Clotilde ; les nobles ne se tiendront jamais tranquilles. »

« — Jamais ! il faut qu'ils disparaissent jusqu'au dernier, hommes et femmes, vieillards et enfans. Marat l'a dit, Marat, cet homme de bien, qui nous a transmis le devoir de sauver la république et de punir les prêtres réfractaires... »

« — Saint-Just, je crois bien que l'on peut sans péché se défaire des ennemis de la république, mais crois-moi, frapper un prêtre, cela ne peut porter bonheur ; Dieu est chaque jour dans leurs mains, ils savent des oraisons redoutables, et à ta place je les épargnerais. »

Le conventionnel sourit et haussa les épaules ; il prit un nouveau baiser sur les lèvres de Clotilde, et la serra dans ses bras, puis tout-à-coup la repoussant :

« — Le tocsin ne sonne-t-il point? c'est la générale qui se fait entendre? »

« — Eh non, reprit Clotilde en se moquant à son tour de son amant, on crie du lait dans la rue : vous autres représentans du peuple, avez toujours dans l'oreille le bruit des cloches ou des baguettes. Va, Paris est tranquille ; tâche de l'être aussi. »

« — Ce calme, répliqua Saint-Just avec mélancolie, est peut-être le précurseur d'une catastrophe sinistre. Ceux qui veulent notre perte sont toujours en mouvement, tandis que nous nous reposons dans les bras de nos maîtresses. »

« — Laisse-les se remuer, ta seule présence les épouvantera ; mais quant à ce soir, on entendrait dans la rue une souris trotter. En doutes-tu? ouvre la fenêtre, et écoute. »

Saint-Just, troublé malgré lui, suivit ce

conseil, et examina la marche des passans;
elle n'annonçait rien d'hostile. De loin en
loin un fiacre roulait, et dans la rue voisine
des Frondeurs passa un groupe d'enfans
qui chantaient en détonant, selon l'usage
parisien :

> Dansons la carmagnole ;
> Vive le son, vive le son
> Du canon.

Le conventionnel eut honte de sa frayeur;
il se rapprocha de Clotilde, la mère Rascas quitta la chambre, et nous en sortirons
aussi.

CHAPITRE III.

UNE SOIRÉE EN 1794.

Selon le vent qu'il fait l'homme doit naviguer.
RÉGNER. *Satire 7.*

IL y avait, dans un hôtel de la rue de Cléry, ce que l'on appelait une soirée en 1794. Trois salons passablement éclairés, mais dont les volets étaient fermés avec soin, de peur que la clarté des bougies ne fît connaître au peuple souverain la prétention qu'avaient à s'amuser les gens qui

habitaient cette maison. Chaque voiture de
place s'arrêtait à la hâte devant la porte ;
ceux qu'elle amenait descendaient vite , et
entraient en regardant avec inquiétude autour de soi, pour voir s'ils n'étaient pas
suivis. La plupart des conviés venaient à
pied, non en costume élégant, mais en
veste brune; ils posaient sur leur tête un
bonnet de police, et un bâton noueux ar-
mait leur main. Ce costume leur permettait
le linge blanc, sa sévérité compensait le
luxe. Les femmes, qui braveraient les plus
grands périls plutôt que de s'habiller sans
magnificence, tâchaient de satisfaire leur
goût sans trop compromettre le repos de
leur famille; des touffes de rubans tricolores,
placées avec affectation dans leurs cheveux
et sur leur robe, devenaient la sauve-garde
du reste de leur parure.

Des domestiques, connus alors sous le
nom bizarre d'*officieux*, circulaient dans
les antichambres, vêtus à leur fantaisie,
et presque tous portant le bonnet rouge;
ils avaient la tête haute, la parole auda-

cieuse, ils traitaient avec leur maître d'égal à égal; on aurait dit que c'était par condescendance qu'ils consentaient à le servir; on ne les querellait pas, on excusait leurs fautes; et lorsque, de retour d'une course, quand ils s'étaient attardés, s'il leur prenait fantaisie de dire qu'ils venaient de la société populaire, il fallait les remercier, et leur répéter qu'ils avaient bien fait.

On ne dansait pas dans cet hôtel, quoiqu'il y eût bon nombre de jeunes et de jolies femmes; on causait, on prenait des rafraîchissemens; la joie était triste, la conversation décousue; on n'osait parler ni de politique ni de littérature, dans la crainte de déplaire à quelque farouche conventionnel. Plus d'un se promenait dans les trois salons dont j'ai parlé; on y voyait Amar, surnommé *le farouche;* Tallien, qui allait faire de la sensibilité après s'être montré proconsul féroce; Billaud-Varennes, onstre hideux; Barrère, fleuri et galant, pui ressemblait dans un cercle à un homme e bonne compagnie; Barras, qui l'était encore, quoiqu'il fît tout son possible pour le faire oublier.

Une des singularités de l'époque était de voir une compagnie nombreuse rassemblée sans que le maître de la maison fût là pour la recevoir. Il était hors du logis; sa sœur tenait sa place, et la tenait mal. Femme commune de manières et de langage, la citoyenne Thomas ne réparait point, par de l'esprit naturel ou par l'usage du monde, la trivialité de ses gestes et de ses propos; il lui échappait parfois des expressions provinciales qui faisaient rire le cercle : elle ne le comprenait pas. Richement parée, elle croyait qu'il ne fallait pas autre chos pour réussir et pour occuper la premièr place, et, dans son amour-propre grossier, elle se complaisait à s'imaginer que le femmes qui l'environnaient faisaient d'elle l'objet de leur jalousie perpétuelle.

Non loin du fauteuil où elle était assise, il y avait une petite vieille toute ratatinée, vêtue d'une robe de soie puce, d'un simpl bonnet d'organdi, noué par des rubans

bruns, et d'un mantelet noir, garni d'une
blonde point en bon état; certes, le con-
traste entre ces deux personnes était frappant : on voyait du premier coup d'œil que
d'un côté était la fortune, et de l'autre la
pauvreté; mais en même temps on recon-
naissait combien la naissance avait établi à
son tour de différence entre elles. La petite
vieille, si chétive de forme et de costume,
si maigre, si pâle, si étriquée, ne faisait
pas un mouvement, ne remuait pas la tête
sans annoncer qui elle était; il y avait en
elle une telle habitude de supériorité sociale,
un tel usage du commandement, que cela
frappait. Elle parlait vite, mais avec des
expressions choisies; elle était folle, peut-
être, mais non à la manière de la grosse et
splendide dame Thomas.

La citoyenne Bellerive, ou la marquise
de Bellerive autrefois, était de celles que
la révolution pressurait de toutes parts, et
qui néanmoins avaient de la peine à croire
à son existence. Elle avait perdu ses biens,
sa famille, son rang : le mal était réel;

néanmoins elle en doutait encore. Fière
de son nom, de l'antiquité de son origine,
c'était pour elle plus que le purgatoire que
d'être contrainte de vivre dans la société
intime de ce qu'elle appelait *cette canaille
de bourgeoisie*. Royaliste de religion, le
besoin de sa sûreté lui imposait une prudence qui lui devenait insupportable ; elle
aurait voulu écraser ces gens de sa gran-
deur de position, et elle devait supporter
leur familiarité avec gaieté, sans trop se
plaindre. Ce supplice perpétuel la consu-
mait à petit feu.

Elle se consolait en jetant parfois un
regard sur sa nièce, Louise de Terneuil,
pupille infortunée du maître de la maison.
Le père de celle-ci, le marquis de Terneuil,
attaché à S. A. R. monseigneur le comte
d'Artois, était passé dans l'étranger à sa
suite, peu de jours après le 14 juillet 1789.
Depuis lors, il n'était plus rentré. Son fils,
le comte de Terneuil, qui voyageait hors
de France depuis 1780, avait, dès cette
même époque, abandonné le sol natal pour

ne plus le revoir. Cette famille, ainsi dispersée, ne pouvait même pas se donner de ses nouvelles; la mort, on le sait, frappait, au nom d'une loi atroce, tous ceux qui de l'intérieur correspondaient avec les émigrés.

Louise de Terneuil, âgée de dix-huit ans, était aussi ingénue que belle; elle se savait sans fortune, et qu'elle devait tout à la pitié de son tuteur. Celui-ci, ancien intendant de son père, s'était enrichi dans la révolution; sa femme était morte; il avait un fils unique, jeune homme de vingt-deux ans, militaire depuis le commencement de la guerre, et qu'une blessure grave venait de faire rentrer depuis deux mois dans la demeure paternelle; il y occupait un appartement qu'il partageait avec un jeune Franc-Comptois de naissance, illégitime sans doute, car on ne le connaissait que sous le prénom d'Edouard.

Celui-ci revenait aussi de l'armée, où, comme Helbert, son ami, il avait été blessé. C'était une manière de philosophe qui

aimait peu le monde, et beaucoup la retraite. La nature s'était complue à le récom-
penser des torts de la société à son égard :
nul jeune homme ne se présentait mieux ;
il mettait dans tous ses propos une grâce
extrême ; il avait de l'esprit, de la facilité ,
des formes remarquables. On admirait à
Paris avec quelle rapidité un enfant-trouvé
d'un hôpital de Besançon avait pris cette
aisance que la misère ne procure pas.

Helbert était beau comme lui, mais les
habitudes de son corps avaient quelque
chose de plus commun ou de moins dis-
tingué. Edouard attachait tous les yeux, et
c'était avec peine que le père d'Helbert
venait de consentir à en faire son secrétaire.

Ces divers personnages étaient réunis
dans la soirée que je décris, moins toutefois Helbert et son père. Louise, assise
auprès de sa tante, écoutait avec une peine
mêlée d'indignation les complimens exagérés que lui adressait un parent de Fouquier-Tainville, non moins jacobin forcené

que le féroce accusateur public. Celui-ci
se nommait Guernon; c'était un homme
ayant trente ans environ, grand et gros; à
la figure belle peut-être, mais à la tournure
sans-culotte à faire horreur, à la parole
hardie, effrontée; qui sortant de la dernière
classe du peuple, essayait, à la faveur de
son jacobinisme, de s'élever à un rang auquel rien ne l'appelait. Il ne fallait demander au patriote Guernon ni mérite, ni con-
naissances, ni qualités. Il ne pouvait donner que de la frénésie républicaine, une
furie sans égale, une haine profonde pour
tout ce qui appartenait à l'ancien régime,
dont il poursuivait les hommes avec rage,
tandis qu'il s'adoucissait en présence d'une
femme noble. Il savait à quelle famille
illustre appartenait Louïse de Terneuil, et
malgré son amour ardent pour l'égalité,
il aurait bien voulu qu'elle jetât sur lui
un regard favorable.

A quelque distance se tenait le jeune
Edouard. Il examinait avec un mélange de
colère et de prudence le sans-culotte Guer-

non. Il se mourait d'envie de lui faire
abandonner une place qu'il aurait voulu
sienne, et en même temps il concevait dans
quel abîme trop d'impétuosité plongerait
Louise, sa tante, et même la famille de son
ami. Ces hautes considérations pouvaient
seules l'arrêter. Il se demandait si lui-
même enfin tenait si peu à la vie pour l'exposer ainsi en un instant à force ouverte
contre ce misérable, lorsque Barrère, à la
vue d'un individu qui entra :

« — Eh! c'est le patriote Clourfond qui
revient vers ses pénates et vers ses amis. »

« — Bonsoir, citoyen Barrère, dit celui-là.
Je te souhaite repos et santé, brave Billaud-
Varennes, vous tous qui venez dans ma
petite maison; je vous en remercie. »

« — Sais-tu, Clourfond, répondit Billaud-
Varennes, que ta petite maison est nichée
dans un bien grand hôtel? Un républicain
comme toi devrais t'y trouver trop au large. »

« — Aussi ai-je le désir de la quitter. Je
ne veux plus loger dans ces demeures fas-

tueuses que des artistes rampans érigèrent
pour le vice noble. »

« —Voilà qui est bien dit. Tu es dans les
bons principes; il faut s'y maintenir, Clourfond. »

Billaud-Varennes s'éloigna. Le maître du
lieu portait encore sur ses traits l'empreinte
de ses tracas de la journée. Quelque chose
de sombre, d'effrayant, et qui tenait du
remords, se manifestait en lui. Il allait et
venait au hasard dans ses vastes salons; il
parlait sans s'écouter; il n'entendait pas davantage les réponses qu'on lui faisait; son
âme, son attention étaient ailleurs. Il se
rapprocha cependant de sa sœur, qui lui
dit :

« — Est-il convenable de laisser venir
chez soi tant de monde sans s'y trouver ?
Que serait-il arrivé, si je n'eusse été là ? sans
ma tête et ma science du *bon ton*, on
aurait été, je crois, très-embarrassé chez
nous. »

Elle allait continuer, mais elle surprit
sur les lèvres de madame de Bellerive un

sourire si moqueur, si méprisant, qu'elle en fut terrassée.

« — Nous vous avons aidée de notre mieux, dit celle-ci, et je pense que notre ignorance du *bon ton* (et elle appuya malignement sur ces mots) ne va pas jusqu'à être embarrassée d'avoir à faire les honneurs d'un salon à des gens... »

Elle s'arrêta. La citoyenne Thomas aurait bien voulu entamer une scène, car elle méprisait profondément la pauvreté de madame de Bellerive. Mais elle craignait son frère, et savait combien il avait du respect pour cette vieille folle sans fortune. Elle se contenta d'exprimer son dépit par un geste insolent, et elle se mit à causer avec madame Tallien qui se trouvait alors très à son aise en mauvaise compagnie.

« — Où est Hélbert ? » demanda Clourfond à Edouard.

« — Le voilà qui rentre, » répliqua le jeune homme en s'effaçant pour laisser approcher son ami. Helbert vint à son père, lui prit la main vivement, la serra dans la

sienne, et, sans parler, lui aussi montra
dans son extérieur quelque apparence de
chagrins ou d'inquiétude. Son père l'examina en silence, et puis, le voyant prêt à
se retirer dans un autre salon :

« — Helbert, lui dit-il, ne vois-tu pas
Louise ? Est-ce que sa société ne vaut point
celle des personnes que tu peux rencontrer
ailleurs? »

« — Edouard, répliqua Helbert, va auprès d'elle ; j'ai à parler au général Barras. »

« — Edouard, reprit Clourfond, est
mon secrétaire et non ton ambassadeur.
Il a, lui, les affaires de la journée à coter
avant de se coucher; aussi va-t-il quitter
le salon, où je te prie de demeurer.

Un geste d'impatience, un salut de respect furent la double réponse des deux
jeunes gens. Helbert obéit de mauvaise
grâce; Edouard s'éloigna, sans montrer
combien il était fâché. Le premier vint
donc auprès de Louise. Il engagea avec elle
une de ces conversations insignifiantes qu

meurent et qu'on fait renaître trente fois en un moment. Il aimait Louise comme sa sœur, dont elle tenait la place, mais non de cet amour d'amant que son père lui aurait voulu. Clourfond, pendant ce temps, causait, aussi lui, avec quelques hommes marquans de l'époque. Le général Barras dit à Vadier :

« —Eh bien ! sommes-nous sauvés, et la mort des derniers conspirateurs assure-t-elle la tranquillité de la république ? »

« —Non certainement, répliqua Vadier ; Robespierre croit qu'il faut encore voir tomber plus de soixante têtes prises parmi celles des conventionnels, avant que le vaisseau de l'état puisse voguer sans crainte des écueils. »

Cette réponse cruelle confondit ceux qui l'entendirent ; Barras lui-même en frissonna.

« —Ainsi, dit-il, chacun de nous doi trembler devant un membre du comité de salut public ; car enfin qui peut se flatter d'être innocent, quand on songe à ceux que l'on a trouvé coupables? »

Il y avait dans ce propos une sorte de courage qui fit plus de peur encore que celui de Vadier. Tous ceux qui l'entendirent se reculèrent insensiblement, tant l'effroi glaçait les âmes. Les deux interlocuteurs se trouvèrent seuls; ils s'en aperçurent, comprirent le motif de cette retraite, et se prirent à rire de concert.

« — Que te semble, Vadier, de l'énergie de ces hommes? »

« — Que la patrie est perdue, s'il n'y a pas de la force dans ses enfans mêmes à conspirer contre elle. Quoi! nul ici n'ose écouter ce que je dis et ce que tu me réponds. Où sont donc les Français, Barras? »

— « Ils sont presque tous dans la tombe. Les lâches survivent, les braves meurent les premiers; Vergnaud, Gensonné, Danton.... »

— « Tais-toi, lui dit Vadier en regardant à l'entour, ne fais pas l'éloge des conspirateurs; ce n'est pas à moi à l'entendre.

— « Ton cœur apprécie les hommes ; cela me suffit. Que la hache dévore le peu qui reste, et bientôt après un tyran sans aucune vertu rajustera sur sa tête débile la couronne brisée de Capet. »

CHAPITRE IV.

LA CONFIDENCE.

......Quis benè celat amorem?
Eminet indicio prodita flamma suo.

OVIDE, 12e *héroïde*, Médée à Jason.

L'amour se trahit lui-même ; on ne
réussit point à le cacher.

LE lendemain, au moment où le capitaine Helbert allait sortir, Edouard entra
dans sa chambre.

« — Mon ami, lui dit ce dernier, ton
père m'a recommandé de te prévenir qu'il

voulait te parler avant que tu commences tes courses. »

« — Que me veut-il, Edouard? le soupçonnes-tu? »

« — Peut-être, quoiqu'il ne m'ait pas choisi pour son confident; il désire te recommander plus d'assiduité auprès de sa pupille; tu sais qu'il te la destine en mariage. »

« — Et je sais aussi que j'ai promis à quelqu'un de ma connaissance la main de mademoiselle de Terneuil. »

Edouard sourit et rougit en même temps; Helbert continua de parler :

« — Or j'ai trop d'honneur pour manquer à ma parole donnée, et j'immole avec héroïsme mon amour à mon amitié. »

L'emphase qu'il mit à prononcer ces derniers mots prouva qu'ils étaient une plaisanterie. En même temps, Edouard, le pressant sur son cœur, l'embrassa tendrement.

« — Tu es un modèle à suivre, Helbert; je ne suis pas digne de toi. »

« —Mon Dieu, Edouard, ne me vante pas plus que je ne mérite; je n'ai jamais aimé Louise, et maintenant j'aime ailleurs.

« —Tu ne me l'avais pas confié encore. »

« —Et j'aurais mieux fait de ne t'en rien dire; car, après ce premier épanchement, tu seras en droit de me demander que j'achève de tout t'apprendre; et, en vérité, je n'ose te raconter l'histoire de mon étourderie. »

« —A qui donc as-tu donné ton cœur? »

« —Je ne le sais pas, je te jure. »

« —Tu plaisantes. »

« —Non, je te parle avec sincérité. Je suis un extravagant, un fou, le plus insensé des hommes. Ma place est aux Petites-Maisons; mais, quoi qu'il en soit, je suis devenu l'amant d'une créature sans rang, sans nom, sans fortune, et qui peut-être, malgré tout cela, pourrait bien être une de mes parentes. »

« —Je t'écoute, Helbert, sans te comprendre. Explique-toi plus clairement;

car je me flatte que tu veux que je te
plaigne, que je te sauve, ou que je serve. »

« — C'est bien là mon idée, et, avant de
descendre où mon père m'attend, je puis
faire de toi mon confident discret. Ecoute,
cher Altamont, et frémis au récit des in-
fortunes d'un prince malheureux. »

« — Oublies-tu que nous sommes en
France, et que le titre de prince, pris même
en plaisantant... »

« — Soit, j'ai manqué de prudence, et
comme ce n'est pas mon début dans ce
genre, j'en suis moins effrayé que toi. Il y
a deux mois environ que, marchant à l'a-
venture dans les rues de Paris, j'aperçus,
au coin de celle Vieille du Temple et des
Francs-Bourgeois, le respectable auteur
de mes jours qui cheminait devant moi.
Avouerai-je que la fantaisie de le suivre
me prit? Je savais que l'on avait souvent
rencontré mon père sur cette route, sans
qu'on sût où il allait. On m'en avait parlé;
ma curiosité était excitée; je me voyais en
position de la satisfaire, et j'agis en consé-

quence. Ce n'était pas bien, c'était mal,
je le confesse; mais, attendu que je suis
très-peu parfait, je me livrai à ma fantaisie.
Il tourna dans la rue des Trois-Pavillons,
et entra dans celle du Parc-Royal.

» Ici il s'arrête devant une maison de
peu d'apparence, ouvre une petite porte
avec une clef qu'il tire de sa poche, et entre.
Ceci me parut avoir furieusement la mine
d'une bonne fortune. Mon père, homme
galant, sortait, selon moi, des règles ordi-
naires. Je ne pouvais le croire, cependant
que venait-il faire dans ce lieu ? Je voulus
approfondir ce fait, je me plaçai en sen-
tinelle, et j'attendis qu'il sortît. Il ne tarda
pas ; la visite fut courte. Il revint dans la
rue des Trois-Pavillons ; je me mis à le
suivre jusqu'au delà de la rue des Blancs-
Manteaux, et je reconnus qu'il revenait
vers le centre de Paris. Je repris mon
premier chemin, et je me rendis dans la rue
du Parc-Royal, vis-à-vis la maison signalée
pour renfermer l'objet caché des soins de
mon père.

» Je me demandais par quelle voie je pénétrerais dans ce fort, et, à tout hasard, assuré d'inspirer quelque respect en vertu de mon habit militaire, je me décidai à heurter. On ouvrit ; point de portier au commencement de l'allée. Il me fallut monter au milieu de l'escalier, et là je trouvai une vieille femme à moitié paralytique. Elle ne pouvait se remuer de dessus son fauteuil. Je fus à elle, et m'informai s'il y avait dans la maison une chambre à louer. On me répondit affirmativement, et il fallut attendre qu'un petit garçon, que la portière appela, me servît de conducteur, et avec lui je montai au troisième étage.

» Il y avait deux pièces médiocres et fort laides ; les murailles tombaient en ruine. J'aurais reculé de dégoût dans toute autre circonstance, mais dans celle-ci la curiosité me commandait. Je sortis de ma bourse une pièce de trente sous, et, la donnant au petit garçon, je le questionnai sur les personnes qui habitaient cette maison. L'enfant n'avait jamais possédé une telle somme; il m'aurait vendu à ce prix tous les secrets de ses proches; je sus qui occupait le premier, le second, le troisième étage; que les chambres du quatrième étaient toutes louées à de pauvres gens. On me les nomma; je fus frappé au nom d'Adélaïde Sendier.

» — Qui est-elle? dis-je.

» — Une couturière qui vit seule et bien petitement. Elle ne sort jamais, et reçoit tous les huit jours la visite d'un vieux citoyen. Ma grand'mère dit que c'est son père; la voisine de tout auprès affirme que c'est son amant.

» — Et quel âge peut avoir cette ouvrière?

» — Dame! citoyen, reprit l'enfant, je ne le sais pas; elle est seulement bien jeune, bien jolie, et elle aime à jouer avec moi.

» Je ne pouvais en savoir davantage. Je redescendis; je disputai du prix des deux chambres, qu'on me céda enfin à cent trente francs avec le sou pour livre et les portes et fenêtres. Me voilà commensal de la mai-

son ; c'était une folie, mais, depuis que je
suis au monde, il ne m'est jamais arrivé de
raisonner qu'après la faute commise. Etait-
il convenable que je manquasse ainsi à mon
père, que je cherchasse à lui ravir son
secret ? non sans doute. Tu n'aurais pas agi
ainsi, toi, Edouard ; tu aurais montré plus
de respect à tes parens. Je ne le fis pas ;
je ne pouvais le faire, en me conformant
à la mauvaise éducation que j'avais re-
çue. Il me parut piquant de faire connaissance avec une sœur secrète, avec une
pupille mystérieuse ou avec une beauté
complaisante. Toutes ces suppositions m'a-
musèrent infiniment. Je mis des ouvriers
dans mes deux chambres ; on les arrangea
d'une manière presque passable. J'annon-
çai que je viendrais de temps en temps, et
que, domicilié à Versailles, je regardais cet
appartement comme un pied à terre propre
à me délasser de mes courses dans Paris.

» Le lendemain de mon installation, je
me rencontrai en présence de la citoyenne
Adélaïde Sendier. Quinze ou seize ans au

plus, une riche taille qui la faisait paraître plus âgée, une figure gracieuse et mieux que belle, une naïveté non sans mélange d'énergie, quelque chose de noble dans les mouvemens et de simple dans les propos; de la gaîté au milieu d'une position gênée, une âme douce et calme, peu d'amitié pour le tuteur qui ne cherchait pas à se faire aimer, voilà ce qu'il me fut facile de découvrir dans ma jolie voisine. Je ne tardai pas, non plus à m'assurer que mon père, tout en la traitant avec sévérité, ne faisait pas de ce moyen un genre de séduction. Ce n'était point sa fille, il n'était point son amant, il veillait seulement sur elle. A quel titre? c'est ici que ma science de conjectures ou mes investigations demeurèrent sans résultats.

» Je serai bref, contre l'ordinaire des amoureux, sur la suite de cette aventure. Je devins épris, selon un très-vieil usage, d'Adélaïde Sendier. Je n'eus pas de peine à obtenir un retour d'attachement qui me rendit heureux; elle vivait trop isolée pour se défendre avec succès contre celui qui parlerait à son cœur; mais je trouvai dans sa vertu, dans sa pudeur naturelle des obstacles auxquels je ne m'attendais pas. Cette résistance augmenta ma passion; et maintenant, te l'avourai-je? je suis enchaîné par des nœuds que je crains bien de ne pouvoir rompre. »

« — Voilà, dit alors Édouard, une histoire très-attachante; elle a quelque chose de romanesque et de bizarre qui me plaît. Tu aimes donc, Helbert, et c'est de bonne foi. Tu aimes, qui? tu ne le sais. Est-ce ta sœur?... Mon ami, ne frémis pas; je veux bien croire que ce malheur ne t'est point réservé; mais n'as-tu pu savoir quels sont les parens de cette jeune personne? quel a été son rang dans le monde? »

« — Hélas! non; il m'est permis de le soupçonner. Adélaïde parle que, dans son enfance, elle habitait une belle maison à la campagne, qu'elle avait des domestiques pour la servir, et une dame, mieux mise que les autres, qui veillait sur elle; que

tout cela disparut au moment où mon
père se montra devant elle; qu'il l'amena
avec lui à Paris, et la confia à une famille
de gens pauvres qui lui apprirent la cou-
ture et qui la traitèrent fort mal. Mon
père, lorsqu'elle l'a interrogé sur ses parens, lui a répondu qu'elle était fille d'un
de ses amis, mort au commencement de la
révolution, et, lorsqu'elle lui a demandé
le nom de sa mère, il lui a donné à entendre que sa naissance était illégitime. Quant
à moi je présume, poursuivit Helbert, que
cette jeune personne a reçu le jour de personnes de distinction qui ont péri dans nos
calamités publiques. »

Edouard partagea cette opinion, ils continuèrent à parler sur un tel sujet, agréable
pour tous les deux, jusqu'au moment où
Helbert se décida à descendre chez son
père; il le trouva se promenant dans sa
chambre et enseveli dans de profondes réflexions. Il s'arrêta à la vue de son fils.

« — Bonjour, Helbert; dit-il, avez-vous
bien dormi? »

« — Parfaitement; et vous, mon père? »

« — Moi, non; j'ai trop de soucis, de trop vives inquiétudes pour me livrer à un profond sommeil. Sommes-nous d'ailleurs dans une époque tranquille? et quelle est la garantie de notre existence à venir? »

« — Votre liaison avec les chefs du gouvernement... »

« — Oui, ils sont mes amis, mes bons amis, jusqu'à l'heure où ils me feront couper la tête. Vois Danton, Camille Desmoulins. »

« — Ceux-là faisaient de la politique, mon père, et vous des affaires; ce n'est point la même position. La république a besoin de fournisseurs; elle vous emploie, vous la servez. »

« — Et elle finira par charger Fouquier-Tainville d'arrêter mes comptes. »

Clourfond dit ceci avec une telle amertume que le jeune militaire tressaillit involontairement.

« — Au reste, poursuivit le fournisseur des armées, peu m'importe; il y a un cou-

rage passif dont chaque Français donne
aujourd'hui la preuve; j'espère que celui-là
ne me manquera pas, si j'en ai besoin. Mais,
à ce moment fatal, si je suis destiné à ce
qu'il vienne, il me serait bien agréable,
mon fils, de te voir établi selon mes désirs.
Tu dois voir, Helbert, combien ton mariage avec Louise me rendrait heureux. »

« — Mon père, répliqua Helbert en
cherchant à montrer une gaîté qui n'était
point dans son âme, un de mes amis me
disait un jour qu'il en était du mariage
comme d'un habit : celui destiné à le porter doit en choisir l'étoffe, la couleur et la
nuance. »

« — C'est une comparaison imperti-
nente et que tu ne peux appliquer ici
avec raison ; Louise est belle. »

« — J'en conviens. »

« — Elle a un excellent caractère. »

« — C'est encore vrai. »

« — Sa naissance.... »

« — Est des plus illustres, et je ne sais

même si elle ne l'est pas trop pour le temps
où nous sommes. »

« — Que lui manque-t-il, mon fils? »

« — Elle n'est pas riche. »

Helbert, malgré l'intention secrète qui
lui faisait faire cette réponse, sorte de ruse
de guerre dont il voulait se servir, ne put
s'empêcher d'en rougir, tant elle lui parut
méprisable ; elle ne se montra pas sous cet
aspect au fournisseur, qui, peu au fait des
sentimens généreux, trouva tout naturel
que son fils se montrât peu empressé d'accepter une femme sans fortune; un tel argument se présenta à lui dans toute sa
force : il essaya d'y répondre.

« — Je sais bien, mon enfant, que
Louise n'aura pour dot que sa beauté et
ses charmes. Nous pourrions trouver, toi
une femme, moi une belle-fille dans une
position plus avantageuse ; mais il est des
considérations particulières qui doivent
nous faire passer par dessus cet inconvénient ; la république peut crouler et la
royauté reparaître ; il nous sera, dans ce

cas, utile autant qu'agréable de trouver dans ma bru une sauve-garde contre la vengeance d'une noblesse irritée ; la mère de tes enfans sera respectable aux yeux d'une famille illustre ; et comme ces gens-là à leur retour te reverront riche, ils te traiteront bien et nous sauveront de mille désagrémens. »

« —Tout cela, mon père, est bel et bon, mais, au train dont nous marchons, la chute de la république n'est pas prochaine, et les nobles n'auront de long temps le pouvoir de nous tracasser. Or, je ne me soucie aucunement de m'allier à des parens que je ne verrai jamais, et de prendre une femme qui ne m'apportera qu'une misère orgueilleuse. »

« — En vérité, dit Clourfond, je t'ai mal jugé jusqu'à ce jour : je te croyais moins âpre à la curée. »

« —Bon sang ne peut mentir, mon père,» répondit Helbert en riant, et mieux affermi dans le détour qu'il employait.

« —Néanmoins, il faut que tu épouses
Louise, cela me convient; cela, mon
cher fils, est absolument nécessaire. Je sais
bien qu'une femme qui n'apporte rien dans
une maison n'est point à rechercher; mais
ici le cas est différent : il y a des considérations éminentes qui doivent nous décider à conclure ce mariage. Tu sais, Helbert, que j'ai été l'intendant de son père;
eh bien, en l'épousant, nous mettrons fin
à des tracas à venir qui seraient sans nombre, et nous sortirons d'un véritable embarras. Tu as de l'esprit, tu dois m'entendre à demi-mot; fais tes réflexions, et
demain tu me rendras ta réponse. Adieu.»

Helbert, charmé d'avoir un délai, quoiqu'il ne fût que de vingt-quatre heures, se
garda bien de poursuivre la conversation
sur ce sujet; il salua son père, et se hâta
de sortir. Il n'avait pas vu la veille Adélaïde, et un jour passé loin d'elle lui paraissait un siècle, dont il ne voulait pas
recommencer l'ennui. Il était d'ailleurs
pressé de s'y rendre ; c'était le jour de la

semaine où Clourfond allait visiter sa pupille, et il préférait être entré avant lui
dans la maison, afin de ne pas le rencontrer en route.

CHAPITRE V.

UNE CONVERSATION SINGULIÈRE.

> Le vice entreprend quelquefois de secourir
> l'innocence , et c'est encore pour mal faire
> qu'il fait bien.
>
> RÉTIF DE LA BRETONNE, *Paysan perverti.*

CLOTILDE descendait en courant son
escalier, lorsque, dans sa marche rapide,
elle se heurta violemment, au détour d'un
carré, contre un jeune et beau militaire,
qui dut par force la recevoir dans ses bras.
Cet incident, loin de lui déplaire, la livra
à un accès de gaieté folle.

« — Grand merci de ton secours, brave défenseur de la patrie, lui dit-elle quand son rire eut cessé. Ce ne sera pas ma faute si tu ne reçois pas la récompense du service que tu m'as rendu, en me préservant de tomber sur les degrés. »

Un premier coup d'œil avait appris à Helbert quelle sorte de créature était devant lui, et le propos de Clotilde, que je ne rends pas dans toute sa verdeur, acheva de la lui faire connaître. Certes, quoiqu'elle fût belle personne, ses sens demeurèrent tranquilles en sa présence, et il ne se sentit aucune envie de lui demander la preuve de ce qu'elle avançait ; cependant, comme il n'avait pas vu de portier dans la maison, il se crut obligé de prendre auprès de Clotilde les renseignemens dont il croyait avoir besoin.

« — Citoyenne, dit-il, loges-tu ici ? »

« — Oui, mon bel officier. »

« — Connais-tu ceux qui y logent ? »

« — Depuis le chat, domicilié dans la cave, jusqu'au ci-devant hibou de Saint-

Roch, qui s'est réfugié dans le grenier.
Mais le lieu où nous sommes n'est pas commode pour répondre aux questions que tu
pourrais avoir envie de me faire. Viens dans
ma chambrette ; nous y serons seuls, et
tu parleras à ton aise. »

Clotilde, sans mettre en doute que sa
proposition pût ne pas être acceptée, re-
monta rapidement l'escalier. Helbert n'a-
vait pas cette délicatesse de principes qui
interdit à tout homme de bonne compagnie
la fréquentation de femmes de cette es-
pèce ; bien certain d'ailleurs que sa vertu
ne courait aucun risque de se démentir, il
suivit Clotilde. Elle entra la première dans
la chambre annoncée, ferma la fenêtre ouverte, tira le rideau, poussa le verrou de
la porte du corridor, et ces préliminaires
de convenance terminés, elle s'établit sans
façon sur le canapé, meuble indispensable
de cette sorte d'appartement. Helbert, qui
la devinait, la laissa faire ; il s'appuya contre la commode, sur laquelle il posa trois
écus de six livres, en ayant soin de les

montrer à Clotilde, et cela fait, il lui dit :

« — Saurai-je la vérité ? »

« — Te flattes-tu de l'obtenir, bel oiseau bleu, dans cette maison ? est - ce que je puis la dire, cette vérité que chacun demande et dont nul se soucie? »

« — Quoi ! te ne me diras pas franchement le nom et la profession de ceux qui habitent sous ce toit ? »

« — Oh ! quant à ceci, je serai véridique ; je peux l'être. Voyons, que veux-tu savoir ? »

« — N'est-il pas entré ce matin, et sous la conduite d'un homme âgé, une jeune fille? L'homme est ressorti; elle est restée.»

Clotilde avait annoncé qu'elle répondrait rondement, et néanmoins elle hésita sur ce qu'elle avait à faire. Helbert, qui l'examinait avec soin, s'en aperçut, et avant qu'elle pût lui répondre, il ajouta :

« — Garde-toi de te laisser influencer par l'air de la maison. Tu me sembles disposée à me dire autre chose que ce qui est.»

« — Tu as raison de le croire, répliqua

Clotilde avec une nouvelle gaieté. Je me meurs d'envie de te faire un conte ; je devrais peut-être agir ainsi, et néanmoins je ne sais pourquoi il y a dans mon âme quelque chose qui m'entraîne à ne te rien déguiser. J'ignore qui tu es, je te vois pour la première fois, je crois pourtant que tes traits ne me sont pas inconnus, comme ta personne ne m'est pas étrangère. »

« — Ainsi, tu éviteras de me tromper. »

« — Oui, à une condition cependant ; c'est que tu seras franc autant que je serai franche, et que tu répondras sans hésiter aux questions que je vais t'adresser. Qui es-tu ? »

« — Un capitaine de la vingt-unième demi-brigade. »

« — Qu'es-tu à la jeune fille ? »

« — Son amant. »

« — De l'aveu du tuteur ? »

« — Non, mais du sien. »

« — Dans ce cas, vous vous passerez de l'autre. Comment as-tu su qu'elle était dans cette maison ? »

« — Je l'ai suivie. »

« — Voilà comme on fait quand on veut savoir les choses. »

« — Connais-tu son tuteur? »

« — Beaucoup. »

« — C'est un misérable, n'est-ce pas? »

« — C'est mon père. »

« — Ton père! ton père! Tu serais le fils légitime de Clourfond, toi?... »

Clotilde, suffoquée par ces impressions pénibles, s'arrêta; elle retomba sur le canapé qu'elle venait de quitter, et elle se tut, comme si elle se fût mise à réfléchir. Helbert, étonné de ses manières et de ce qu'elle faisait, la regarda avec une vive surprise. Son cœur ému battait selon les impulsions d'un sentiment inconnu. Il allait demander à Clotilde l'explication de tout ceci, lorsqu'une porte intérieure fut ouverte, et la vieille Pétronille Rascas s'avança lentement. Elle avait entendu de la pièce voisine la conversation qui s'achevait; et non moins émerveillée que sa fille, d'un incident aussi étrange, elle voulait en prendre sa part.

« — Qu'avez-vous donc à tant crier dans une maison honnête ? dit-elle, cherchant par cette question à faire croire qu'elle était ignorante de ce qu'elle savait fort bien. Ne peux-tu, Clotilde, te contenir, et cha-mailleras-tu sans raison avec tous ceux qui te font l'honneur de te visiter ? »

Clotilde leva les épaules par un mouve-ment d'impatience. — « Vous avez mis vos oreilles à l'envers, ma chère mère, répon-dit-elle, puisqu'elles vous cornent des cas-tilles. Je ne me suis jamais moins sentie que maintenant l'humeur querelleuse, et si j'avais à gronder, ce ne serait pas avec ce citoyen. C'est un militaire en grade, il fait la guerre pour son compte, il la fait contre son propre sang. Faites-lui la révérence, pauvre femme, c'est le fils d'un bien honnête homme, d'Ambroise-Bar-thélemi-Joseph Clourfond. »

En prononçant ces derniers mots, Clo-tilde examinait sa mère ; elle s'attendait à

la voir donner un signe de son étonnement.
L'impassibilité que conserva son visage lui
prouva qu'elle ne lui apprenait rien de
nouveau ; aussi poursuivant : « — Il paraît
que la citoyenne était aux aguets avant que
d'entrer. Quoiqu'il en soit, qu'elle montre
ou qu'elle cache ce qu'elle éprouve, le fait
n'est pas moins des plus singuliers.»

Helbert, toujours appuyé contre la
commode, comprenait sans peine que son
père était connu de ces femmes. A quel
titre, il l'ignorait; sans doute, elles devaient lui être vendues, et il devait craindre
qu'elles ne le prévinsent de sa démarche.
En conséquence, parlant à son tour :

« — Je ne sais, citoyennes, à quel taux
mon père porte le prix des services que
vous lui rendez; quant à moi, je m'engage
à vous payer le double de la somme qu'il
vous donne, si vous savez vous taire, et si
vous voulez m'obliger. »

Un sourire de satisfaction avaricieuse fut
la réponse de Pétronille ; Clotilde, au
contraire, s'écria :

« — Tu es dans l'erreur, vaillant capitaine, si tu nous crois aux gages de ton père; il n'a pas tenu à lui que nous ne mourussions de faim; et si j'ai la honte de te recevoir dans cette chambre où j'exerce une si vile profession, c'est lui seul qu'il faut en accuser. Ne te flattes pas que cette bouche (elle désigna sa mère) et la mienne s'ouvrent jamais pour le louer; mais pour le maudire, à la bonne heure. S'il vient ici, c'est qu'il ne me connaît pas, et s'il y a logé sa pupille, c'est qu'il n'a pu trouver une meilleure porte de l'enfer. »

Plus Clotilde parlait, et plus Helbert passait d'étonnement en étonnement. Il se trouvait dans une famille à laquelle son père connu était en haine; il apprenait, quoique imparfaitement encore, que son père commettait une mauvaise action; et l'excellence de son cœur lui fit presque regretter la démarche qu'il faisait, puisqu'elle pouvait lui procurer de fatales lumières. Cependant il aimait Adélaïde, il la savait dans cette maison, il apprenait

qu'elle se trouvait en rapport avec ces deux
misérables créatures, et tout cela lui inspirait un désir ardent d'éclaircir plus complétement de telles obscurités. Tout à coup,
Clotilde :

« — Helbert, dit-elle, ton père ne sait
donc pas ton amour? Tu parais étonné que
je sache ton nom; tu le serais bien plus
encore si je te faisais connaître......; mais
cela est inutile; d'ailleurs, si je le faisais,
tu voudrais te mettre entre *lui* et moi, et
je ne veux entre moi et *lui* que cette malheureuse femme. »

Et elle se tourna vers sa mère en s'ex-
primant ainsi.

« — Qui es-tu donc? » dit Helbert.

« — Qui je suis? l'enfant de la joie et
des larmes; la reine de l'or et des coups;
une fille de bon cœur qui soupire dans la
boue, et qui fait des heureux à tant par
tête, et manifeste du sentiment selon
qu'on la paie. Qui je suis? la police te le
dirait si le peuple n'était pas souverain, et
pourtant je crois qu'il y avait en moi

quelque chose de meilleur que ma vie ;
que j'aurais pu exister sous d'autres aus-
pices ; mais ce qu'on appelle providence,
destin, que sais-je, a voulu que je fusse où
l'on me trouve aujourd'hui ; eh bien, m'y
voilà, j'y reste, et je jouerai mon rôle avec
autant de gaieté et de suite que si l'on m'eût
conservé dans une place supérieure. Ne
me questionne donc point sur moi, attendu
qu'il ne me plairait pas de te répondre
franchement. Ne questionne pas non plus
cette vieille femme, car elle est née dans
le mensonge; aussi y rentre-t-elle toujours
avec plaisir comme dans sa terre natale.
Dis-moi seulement ce que tu souhaites, et
en quoi je puis te servir. »

Helbert, de plus en plus confondu,
écoutait cette créature singulière. Il se
perdait en de vaines conjectures; il cherchait où pouvait être la vérité au milieu
de ce flux de paroles; et malgré sa dé-
fiance légitime, il sentait en lui quelque
chose qui lui conseillait de s'abandonner à

la bonne foi de cette fille. Voulant, du premier coup, la mettre à l'épreuve :

« — Où est, dit-il, Adélaïde Sendier? Que fait-elle ici? comment y est-elle? »

Pétronille allait répondre ; sa fille lui mit la main sur la bouche.

« — Taisez-vous, ma mère, le diable vous tenterait, et le mensonge viendrait après. Quant à ce que tu me demandes, Helbert, voici ce que je sais : ton père vint hier au soir louer une chambre pour sa pupille ; il l'a fait après avoir connu le train de la maison ; il est revenu ce matin avec la jeune fille ; il l'a installée et me l'a recommandée : c'est moi qui suis chargée de veiller sur son honneur, sur sa chasteté. »

Clotilde s'arrêta. Elle riait, et sa joie avait quelque chose de sinistre ; Helbert en frémit, et comprit avec une douleur profonde quel rôle affreux son père jouait dans cette pièce fatale. Que ne sut-il pas imaginer pour se donner une explication naturelle d'une conduite qui l'était si peu ! Pourquoi son père avait-il retiré Adélaïde de la maison de la rue du Parc-Royal? Quelle nécessité l'obligeait à la loger dans un mauvais lieu de la rue d'Argenteuil? Connaissait-il l'amour d'Helbert? Voulait-il en avilir l'objet? Ce fut ce qu'il se dit, et ce qu'il se promit d'éclaircir avant peu; cependant il se décida à prendre un parti décisif, celui de ne pas laisser Adélaïde coucher dans son nouvel appartement.

« — Ma chère petite, dit-il à Clotilde, ce que tu m'apprends et ce que je vois me cause une peine profonde. Je ne souffrirai point qu'une personne qui m'est chère habite dans cette maison; mène-moi auprès d'Adélaïde, afin que je l'en sorte. Tu comprends toi-même qu'elle ne doit pas y demeurer long-temps. »

« — Et qui paiera le loyer du trimestre? » dit Pétronille?

« — Il vous a été payé hier au soir, ma mère, répondit Clotilde, et à moins que vous ne vouliez que chacun le solde de nouveau, je ne vois pas quel droit vous auriez à le réclamer du citoyen. Mais ce n'est pas de quoi il s'agit : ce beau garçon a la tête chaude et le cœur encore plus ; il aime comme on aime quand il y a de la vertu mêlée à de l'amour ; il croit sa maîtresse perdue, parce qu'elle habite avec nous, et il aurait raison si j'étais autre que je suis ; mais qu'il se rassure : sa maîtresse, que déjà j'aurais respectée pour une autre cause, me devient plus chère maintenant que je suis instruite de l'intérêt qu'il lui porte. Jamais sœur plus tendre, plus vigilante, n'aura veillé à sa conservation avec plus de soin. »

« — Je te remercie, jeune fille, répliqua Helbert ; tu me confonds par ton langage, dont je ne veux pas douter ; mais je ne puis souffrir qu'Adélaïde.... »

« — Eh ! quel droit as-tu sur elle ? qui t'autorise à l'enlever ? Elle m'a été confiée par ton père, je ne la céderai à qui que ce soit. Sois tranquille, je te le répète ; que la mort la plus affreuse soit mon partage si sa pudeur est souillée, si elle n'est pas tenue avec autant de surveillance dans cette maison qu'elle aurait pu l'être dans un couvent de l'ancien régime; mais pour te l'abandonner, ne l'espère point, et évite une lutte avec la bonne amie d'Antoine Saint-Just. »

Saint Just! ce nom terrible, jeté au milieu d'une discussion, l'aurait terminée en toute autre circonstance. Il produisit une partie de son effet sur Helbert, qui cependant ne se rendit pas d'abord. Il aimait avec la vivacité de son âge, avec la délicatesse de son caractère; il lui répugnait de laisser sa maîtresse dans un lieu pareil, et toutes les assurances que Clotilde lui offrait étaient loin de le rassurer. Il le lui dit, elle s'impatienta.

« — Fou que tu es, répondit-elle, faut-il que tu me presses de manière à ce que je doive t'accabler, si je veux te convaincre. Ne vois-tu pas que ton père a une raison cachée pour perdre cette fille; que son dessein est qu'elle s'avilisse; que si tu la lui enlèves, il te la ravira à son tour; qu'il s'élèvera entre vous deux un combat

dans lequel tu succomberas? Tu ne connais
pas ton père, tu ignores à quel point il
pousse sa haine, sa vengeance et son désir
du succès. Crois Clotilde, elle est probe
au milieu du vice; ne la force pas à te
révéler des choses qui te feraient frémir.
Il y a de par le monde un incestueux, un
assassin..... Tais-toi, Helbert, ne me ré-
siste pas. Et vous, ma mère, sortez, car
lorsque je vous vois en face, ma tête se
monte, et ma langue est toujours prête à
lâcher quelque sottise. »

Plus Helbert entendait parler cette
femme, et plus sa raison souffrait. Il ne
pouvait se dissimuler que Clotilde paraissait instruite à fond des aventures de la vie
de son père. Il en savait lui quelque chose;
il était lui dans cette position affreuse de
ne pas estimer celui dont il tenait jour.
Une épouvante née de son respect filial
s'empara de lui, et dans la crainte d'apprendre plus qu'il ne voulait savoir, il mo-
déra son impétuosité. Clotilde, qui le regardait avec une attention extrême, s'aperçut

de ce qui se passait en lui, et pour achever de conquérir la victoire, elle pria de nouveau sa mère de s'éloigner. Pétronille n'en avait guère envie ; mais accoutumée, malgré son humeur rauque, à finir par obéir aux fantaisies de Clotilde, elle partit en murmurant. Sa fille respira plus librement après qu'elle fut sortie, et se tournant vers le capitaine de la 21e demi-brigade :

« — Helbert, nous sommes seuls, écoute-moi bien. Adélaïde loge dans cette maison et au même étage. Ton père veut qu'elle vienne me voir souvent, et que je l'accoutume au monde ; c'est prétendre la traîner dans le ruisseau. Il n'en sera rien. J'avais le projet de conserver cette jeune fille dans son innocence, afin de contrarier ton père, que j'ai en horreur maintenant. Ta maîtresse ne m'inspire plus de la pitié, mais un vif attachement ; je m'intéresse à elle, parce que je t'aime ; ceci te surprend, je ne t'en dirai pas davantage. Adélaïde ne paraîtra jamais chez moi ; elle passera ses journées dans sa chambre, où toi seul entreras si elle veut te recevoir. Ton père ne saura point que tu la visites ; et s'il est sans méfiance , il faut craindre de lui un de ces actes..... »

Clotilde s'arrêta. Helbert , ne pouvant plus commander à tout ce qui agitait son âme , s'élança vers elle, et la saisissant par le bras :

« — Je ne sais , dit-il , si je dois me féliciter d'être venu chez toi: tes paroles mystérieuses me plongent dans une mer d'angoisses où je finirai par m'enfoncer. Je croyais venir chez une femme du monde, tu l'es pour les autres et non pour moi , tu en dépouilles le caractère. A mon nom prononcé , tu veux agir comme le ferait la plus vertueuse de ton sexe ; tu hais mon père, et je te suis cher! Tiens-tu à me laisser au milieu de cette étrange incertitude ? Ne lèveras-tu pas le voile qui te couvre ? Ne me diras-tu pas qui tu es ? »

« — Non, Helbert, et cela, parce que tu es ce que tu es, parce que tu portes le

nom de ton père, et ton sang est le sien.
Sois sans crainte à mon égard ; ne te méfie pas de Clotilde ; figure-toi que son
bonheur est de te servir ; ne va pas au
delà ; n'imagine rien ; ne forme pas des
conjectures inutiles ; épargne-toi de m'a-
dresser des demandes auxquelles je ne
voudrais ni ne pourrais répondre. Je t'en
dis assez. Prends ton parti, et si tu veux
bien faire, suis-moi, je vais te mener chez
ta maîtresse. »

C'était le plus vif désir d'Helbert. Il se
prépara à suivre Clotilde, et en même temps
il laissa sur la commode, et auprès des dix-
huit francs qu'il y avait déjà posés, une
forte somme en assignats. La fille le vit
faire, elle haussa les épaules, prit les écus
qu'elle enveloppa dans le papier-monnaie,
et rendit le tout à l'officier.

« — Je n'ai pas besoin d'argent pour
payer ce que je fais, dit-elle, et du tien
encore moins. Je suis riche, Helbert, aujourd'hui ; mais si jamais je deviens pauvre,

alors........ vive le plaisir, et nargue la tristesse. »

Clotilde ouvrit précipitamment la porte du corridor. Helbert la suivit, et tous les deux passèrent chez Adélaïde Sendier.

CHAPITRE VI.

UN INTÉRIEUR DE MAISON.

> Les formes sont tout dans le monde ; elles font
> presque toujours mentir le proverbe, qu'on peut
> faire un seigneur d'un butor en l'habillant. Cela
> n'est point, le naturel éclate, soit sous un pau-
> vre costume, quand celui qui le porte est un
> homme bien élevé, soit sous une parure brillante qui
> recouvre un rustre et qui ne le cache pas.
>
> *Roman manuscrit.*

LE fournisseur Clourfond, en sortant de
chez Clotilde, le soir où il était venu louer
l'appartement destiné à sa pupille, oublia,
comme je l'ai dit, le marteau qu'il paya
quatre mille francs. Sa tête était en ce mo-

ment à tel point agitée, qu'il crut avoir emporté ce marteau avec lui, et l'avoir laissé tomber dans la rapidité de sa course. Il en éprouva un souci violent, et cette perte lui fut pénible; il n'osa le lendemain, lorsqu'il revint accompagné d'Adélaïde, rien rappeler de ce qui avait eu lieu la veille; mais depuis ce moment une sombre inquiétude le domina. Il fut plusieurs jours sans pouvoir rentrer dans sa tranquillité accoutumée. Le temps s'écoula, nul incident fâcheux ne venant à éclater, Clourfond se crut en repos; il se flatta de continuer avec succès la carrière ténébreuse dans laquelle il s'était engagé.

Ces tracasseries intérieures l'occupant d'abord entièrement, lui firent négliger de tirer de son fils la réponse qu'il avait ajournée au lendemain, au sujet du mariage qu'il voulait lui faire contracter avec Louise de Terneuil. Helbert se garda bien de l'en faire ressouvenir, et pour mieux éloigne une explication qu'il redoutait, il s'arrangeait de manière à ne voir son père qu'en

présence de témoins. L'intérieur de cette
maison n'offrait aucun signe de bonne intelligence ; une guerre sourde ou déclarée
éclatait sans trève entre les diverses personnes qui l'habitaient. Madame Thomas,
fière de sa richesse, se plaignait de son
frère, de son neveu, et de tous les autres.
Elle supportait impatiemment l'orgueil féo-
dal de la ci-devant marquise de Bellerive,
qui, dans sa misère présente, conservait
ses grands airs d'autrefois.

C'était une chose plaisante que d'obser-
ver les disparates de la conduite de cette
dame châtelaine, craintive, soumise et
flatteuse envers les représentans qui fré-
quentaient les salons du fournisseur ; elle
se relevait dans toute son arrogance innée
aussitôt qu'elle se trouvait dans l'intimité
de la maison du fournisseur, où elle se rap-
pelait, avec une mémoire désespérante, les
phases de la fortune de Clourfond et de la
citoyenne Thomas. Elle savait à quelle
époque précise le premier fils d'un honnête
cordonnier était entré d'abord valet au ser-

vice du marquis de Terneuil, son père à elle, et puis était devenu, jusqu'en 1789, l'intendant du fils de ce seigneur, frère de la marquise de Bellerive; elle ne pouvait jamais assez s'émerveiller de la rapidité avec laquelle cette richesse était venue, et comment en cinq ans elle pouvait monter à deux ou trois millions de capital. Ses exclamations à ce sujet, prononcées avec une naïveté désespérante, faisaient une peine extrême à Clourfond, chez qui elle était venue s'établir sans façon aucune, sous prétexte de veiller à l'éducation de sa nièce. Hélas! la bonne dame était incapable de prendre ce soin; elle avait reçu la faible éducation de l'ancien régime, celle des couvens, si puérile, si nulle. Elle ignorait l'histoire, la géographie, l'orthographe; savait broder, et connaissait quelques termes de blason; du reste, convaincue que la noblesse formait une classe intermédiaire entre l'homme et la Divinité, et que celui-là n'était rien qui ne faisait pas les preuves des carrosses du roi.

Elle gardait avec la citoyenne Thomas des manières semblables, mais voilées en apparence d'une sorte d'amitié. La *petite* Clourfond, ainsi qu'elle la nommait, avait dans son enfance obtenu l'honneur inestimable de venir s'amuser avec mademoiselle Ernestine de Terneuil. Cela établit entre elles deux une sorte de familiarité dont plus tard madame de Bellerive abusa. Catherine Clourfond fut adoptée par une tante qui lui laissa un peu de bien à sa mort ; elle en profita pour se marier à un marchand de savon à Marseille, qui fit bientôt de brillantes affaires. Il termina promptement sa carrière, laissant un fils qui lui-même mourut aussi en bas âge. La mère hérita, et ne tarda pas à convoler en secondes noces avec M. Thomas, négociant renommé, qui acheva d'enrichir sa femme par un testament qu'il fit en sa faveur la veille de son trépas, en 1788. Depuis lors, la veuve se promettant de ne plus rentrer dans les nœuds de l'hymen, vint habiter Paris, et l'an d'après, à la suite des événemens qui

accompagnèrent la prise de la Bastille, elle
se réunit à son frère, qui prétendait avoir
acquis tous les biens qu'il possédait au
moyen des capitaux que sa sœur lui avait
prêtés.

La citoyenne Thomas possédait la bonté
grossière des habitans du midi ; elle était
encore subjuguée, malgré elle, par le souvenir de la splendeur ancienne de la famille de Terneuil; elle se trouvait flattée
de pouvoir rendre des services à ceux
qu'elle avait vus si élevés au-dessus d'elle.
Vainement les idées du siècle, le système
du moment, l'orgueil que donne beaucoup
d'or, la berçaient de sa supériorité présente;
elle n'y croyait pas intérieurement , et rien
n'eût manqué à son bonheur si Louise de
Terneuil fût devenue sa nièce. C'étaient
ces sentimens secrets qui lui faisaient supporter avec une sorte de patience les imper-
tinentes façons de la marquise de Bellerive,
qui prétendait qu'elle avait été sa femme
de chambre, tandis que la citoyenne Thomas affirmait que tout au plus elle avait

joué pendant quelques semaines le triste
rôle de demoiselle de compagnie.

Les ennemis étaient donc en présence
perpétuellement chez le fournisseur. Celui-
ci, brusque et dur, tombait souvent sur la
tante de toute sa colère; elle se revanchait
par des propos désagréables, se moquait de
lui, et les choses allaient leur train. Louise,
dans ces circonstances, faisait le messager
de paix, et raccommodait ensemble les
querelleurs. Clourfond, non moins que sa
sœur, cédait à la puissance du passé, et la
vieille marquise, tremblante pour sa sûreté
personnelle, et soupçonnant son hôte de
toute mauvaise action au seul titre de ro-
turier, évitait de pousser les disputes à
l'extrême, dans la crainte qu'une dénon-
ciation contre elle ne s'ensuivît.

Un matin, à la suite des événemens que
j'ai rapportés dans les précédens chapitres,
on déjeunait chez Clourfond; il y avait
autour de la table les trois grands parens,
Louise, Helbert et le secrétaire Edouard.
Celui-ci, rempli de grâce et fort aimable,

servait les dames avec une délicatesse parfaite; il était véritablement le mieux élevé
du trio; la marquise avait de la peine à se
persuader que le hasard seul ou la prédi-
lection de la nature accordât de tels avan-
tages à un homme qui était sans parens;
elle ne put s'empêcher d'en dire quelque
chose, et, se tournant vers Helbert :

« — Votre ami a été changé en nourrice. »

Ces mots, quoique prononcés à voix
basse, parvinrent à Edouard, qui rougit,
et je ne sais pourquoi, Louise l'imita; Clourfond le vit, et, ne soupçonnant rien encore
de la vérité, s'imagina que le propos de la
dame avait blessé la pudeur de la jeune personne. Dans ce cas, il convenait de le laisser tomber; mais Clourfond ne possédait
pas assez d'esprit; il crut la punir en le
relevant, et s'adressant à Edouard lui-
même, qu'il traitait sans cérémonie :

« — Mon garçon, lui dit-il, prends garde
à la tête; ce que vient de dire la citoyenne
Bellerive donnera peut-être l'éveil au comité

de salut public, et si tu viens à être reconnu
pour être du sang des Capets, comme tu
en es certainement, je crains que tu ne
passes un mauvais quart d'heure. »

L'ironie de cette réplique, le titre de citoyenne, la suppression du *de* nobiliaire ne
manquaient jamais de produire leur effet
dans l'intérieur du ménage. La marquise,
prenant feu :

« — Est-il donc si ordinaire que les gens
du commun, repartit-elle, se distinguent
par des manières relevées? J'en ai vu beaucoup, et parmi eux... »

« — Helbert, ma sœur, répondit Clourfond en interrompant l'interlocutrice, sans
s'embarrasser de cette impolitesse, remer-
ciez madame de l'honneur qu'elle nous
fait. »

« — Je ne parle jamais des présens.
Helbert est un bon militaire, que j'aime
et que j'estime. Quant à ma chère Catherine, je l'ai connue fort jolie femme à
l'époque où je la pris... »

« — Vous étiez, Madame, d'une beauté

remarquable au jour de votre mariage, » se
hâta de dire madame Thomas, afin d'éviter
la citation qui allait venir.

« — Oui, j'étais bien, reprit la vieille
Bellerive, que cette flatterie sans adresse
détourna un instant du but vers lequel elle
marchait; aussi mon mari me dit, après la
cérémonie, qu'il lui aurait suffi de ma figure
pour qu'il voulût de moi, lors même que
j'aurais été sans biens et sans naissance. »

« — Dans ce cas, dit Clourfond, c'eût
été une bonne mésalliance. »

« — Non, citoyen, quelqu'un de mon
rang... »

La dame hésita, s'arrêta enfin, car elle
comprit que la réponse qu'elle voulait faire
n'aurait pas le sens commun; le fournisseur
triompha de son étourderie, Helbert lui-
même ne put s'empêcher de sourire, et il
fallut toute l'urbanité d'Edouard pour le
détourner de s'étonner que là où la naissance n'existait plus, la mésalliance ne fût
pas inévitable. Les joues pâles de la marquise se couvrirent d'un rouge foncé; elle

se mit à bouder, afin d'avoir une conte-
nance, et Louise, peinée de l'embarras de
sa tante, essaya de détourner la conversation; elle ne put y parvenir. Clourfond
était en verve, il continua.

« —Grâce à Dieu, dit-il, maintenant
qu'il n'y a plus à l'estime des hommes
d'autre titre que le mérite et la vertu, on se
mariera sans s'occuper si on se mésallie;
les femmes seront prises pour leur seule
beauté, et l'on ne recherchera les hommes
que pour les qualités qui les pareront; cela
est bien plus raisonnable. »

« — Le ciel, répondit la marquise irritée, bénira rarement de pareilles unions;
les personnes d'un sang noble qui les con-
tracteront doivent s'attendre à des malheurs
sans nombre. »

« — Lesquels, s'il vous plaît? demanda
Clourfond. Je suppose qu'une jeune personne de haute extraction épouse un rotu-
rier aimable et brave, chéri de ses amis,
redouté des ennemis de la France, qui a de
la fortune et des vertus dans le cœur. »

« — Eh! qui vous répond, répliqua la
marquise, que la famille nécessairement
inconnue de cet homme n'aura point quelque tache qui influera sur le bien-être des
enfans à venir, que l'on ne découvrira pas
un jour dans les obscurités de son origine
quelque vice héréditaire, quelque mauvaise
action d'où proviendra la fortune dont vous
me parlez? La source en sera-t-elle toujours
pure? ne sera-ce pas la dépouille de l'or-
phelin? des crimes enfin n'auront-ils pu
être commis pour se la procurer plus vite,
ou pour s'en assurer la possession? Qu'en
dites-vous? ce que j'avance est-il si dérai-
sonnable? »

Tandis que la marquise s'énonçait ainsi,
il se faisait un changement étrange sur le
visage de Clourfond; il passait avec rapidité
de la pâleur à une teinte violette; ses lèvres
se contractaient, ainsi que ses yeux; une
sorte de sueur couvrait son front, et ses
dents se choquaient avec violence. On aurait dit qu'il ne s'apercevait point de cet état
pénible, car il ne faisait rien pour le dissi-

per. Louise, qui était la douceur et la bonté même, ayant examiné Clourfond, reconnut qu'il ressentait une incommodité soudaine, et s'informa avec intérêt de ce qui lui faisait mal.

« — Je n'éprouve rien de fâcheux, répondit-il avec un sourire amer, j'admire seulement combien votre tante est ingénieuse à supposer des forfaits à tout ce qui n'appartient pas à la caste privilégiée ; on dirait, à l'entendre, que tous les roturiers sont de malhonnêtes gens ou des assassins.»

« — Non pas tous, citoyen, répliqua la marquise ; mais dans le nombre il y en a beaucoup, et j'en connais plusieurs. »

« — Vous en connaissez, Madame? eh bien, nommez-les, je vous en défie. »

Il prononça ces mots avec une telle âpreté que tous les convives en parurent surpris ; il fit plus : son agitation croissant toujours, il jeta sa serviette, se leva, et sortit de la salle à manger. Cet acte inattendu produisit son effet ; la marquise, effrayée d'avoir trop poussé son adversaire,

dit quelques phrases d'excuses qu'elle
adressa à madame Thomas. Helbert et
Edouard quittèrent aussi la table, et furent
à la recherche du maître de la maison;
mais-ils surent de son domestique particulier qu'il s'était enfermé à double tour chez
lui, en défendant qu'on vînt le troubler.
Le reste de la journée s'écoula dans cette
position hostile; cependant Clourfond re-
parut à l'heure du dîner; il ne fit mauvaise
mine à personne; il traita bien la marquise;
elle, de son côté, essaya de lui être agréable, et cette scène n'eut point le résultat
que l'on craignait.

Le fournisseur, le lendemain, présenta
ux dames de la maison un personnage sin-
gulier d'aspect, et non moins de langage;
il était de petite taille, vif, pétulant; il
s'énonçait bien, mais en républicain enthousiaste fanatique de Robespierre; il
regardait Marat comme un dieu, les éloges
u'il prodiguait à chaque membre de la
Montagne étaient tellement exagérés qu'on
pouvait les soupçonner de n'être pas sin-

cères. Clourfond paraissait très-lié avec
M. Renaud ; cependant nul ne le connaissait, pas même madame Thomas, qui,
comme les autres, déclara qu'elle le voyait
pour la première fois.

Monsieur ou le citoyen Renaud, dès son
introduction dans cette famille, s'empressa
principalement auprès de la marquise de
Bellerive ; il lui parlait sans cesse, feignait
de la croire franche républicaine, et lui insi-
nuait que dans sa position elle devait manifester la sincérité de ses opinions par quelque
démarche éclatante. Il généralisait encore,
attendant sans doute le moment de réussir
et de frapper à propos. Il devint bientôt le
commensal de la maison, l'homme nécessaire à chacun ; il possédait une familiarité
respectueuse, une facilité extrême à tout
approuver, il avait l'air de s'immoler aux
fantaisies des autres, tandis qu'au fond il
avait assez d'art pour faire des autres des
marionnettes qui se mouvaient selon son
gré.

CHAPITRE VII.

LA DÉCOUVERTE.

> La faiblesse humaine est d'avoir
> Des curiosités d'apprendre
> Ce qu'on ne voudrait pas savoir.
>
> MOLIÈRE, *Amphitryon*, acte II, sc. II.

HELBERT s'applaudissait du repos dans lequel son père le laissait; la persistance qu'il avait mise d'abord à le presser d'épouser Louise de Terneuil faisait place à une indifférence apparente. Clourfond ne disait plus rien à son fils de ce qui pouvait lui déplaire. Quinze jours s'écoulèrent ainsi;

au bout de ce temps, le fournisseur, qui
ne renonçait pas à une idée qu'il caressait
depuis plusieurs années, rencontra son fils
dans les Tuileries, que tous les deux traver-
saient en sens inverse.

« — Je suis charmé, Helbert, de te
trouver à propos, lui dit-il : voici deux
semaines que tu me dois une réponse,
et tu vas me la donner, tandis que nous
nous promènerons dans le bois. »

L'attaque était directe, elle ne pouvait
être plus véhémente; le jeune homme ne
s'y attendait point, et, malgré sa ferme
résolution de résister à son père, il souffrait
d'en venir à cette dernière extrémité d'une
manière autant imprévue ; il se laissa traîner comme une victime dévouée hors des
parterres, et lorsqu'ils furent sous les
arbres, ce ne fut pas lui qui entama la
conversation. Le fournisseur, voyant son
obstination à se taire, pétillait d'impatience,
et néanmoins il craignait, en montrant trop
de mauvaise humeur, de sortir dès le premier moment du caractère de modération

qu'il s'était tracé. Le silence continuant toujours, force fut enfin à lui de le rompre.

« — Tu mets une singulière obstination à te taire, Helbert, lui dit-il. Tu réfléchis peut-être à l'importance de ta réponse, et, dans ce cas, tu as raison ; cependant, tout doit avoir un terme, et je te demande officiellement à quelle époque tu es résolu d'épouser Louise de Terneuil. »

« — Je souhaitais, mon père, qu'éclairé par notre dernière conversation sur ma répugnance à conclure ce mariage, vous cessassiez de vous en occuper. Je ne me sens aucun désir d'être le mari de Louise, et je crois que, de son côté, elle ne désire pas être à moi. »

« — Qui vous le fait présumer ? Quelle volonté indépendante peut avoir une jeune fille élevée dans le silence de ma maison, qui n'a jamais vu le monde, et à laquelle on vous a peint toujours des plus belles couleurs ? Elle sait que de mes bontés dépend son existence future ; que je l'élève en la faisant votre femme, au rang qu'elle

5*

devait occuper jadis, et que si je m'irrite contre elle, il faudra qu'elle tombe dans la dernière pauvreté. Je suis donc tranquille de son côté; que je le sois du vôtre, et tout ira bien. »

« — Mais, mon père, pourquoi tenez-vous tant à ce mariage? »

« — Je veux, en le faisant, assurer notre fortune à l'avenir, et montrer tout à la fois ma reconnaissance de ce que sa famille a fait pour moi. »

« — Ce que j'admire dans ce dernier motif me porterait à vous complaire, si un obstacle invincible ne s'élevait pas entre Louise et moi. Je ne l'aime point d'amour, et je ne suis pas aimé d'elle de la même manière. »

« — Folies, sottises de jeunesse. Epouse-la, et puis vous deviendrez un couple de tourtereaux tendres... »

« — Non, mon père, cela ne sera pas. »

« — Helbert, je ne suis point accoutumé à cette résistance qui me blesse. Obéis, ou crains ma colère. »

« — Je serai désespéré de ne pas vous satisfaire ; mais ce que vous me demandez est hors de mon pouvoir. »

« — Fort bien ! je vois ce qui en est : une amourette de passage est ce qui te retient. Tu as une maîtresse. »

« — Mon père... »

« — Tu en as une, j'en suis certain. On ne refuse, à ton âge, une fille noble, belle et vertueuse, que lorsque l'on croit avoir mieux trouvé. Je serais curieux de connaître celle qui, dans tes affections, l'emporte sur mademoiselle de Terneuil. »

La prudence aurait voulu qu'Helbert ne précipitât pas sa réponse ; mais emporté par ce besoin du cœur, de relever l'objet qui lui est cher, il répliqua promptement à son père :

« — Elle a sans doute moins de naissance, mais elle l'égale en attraits et en qualités. »

« — Sa richesse correspond à tant de mérite ? »

« — Elle est, mon père, dans la position où ma mère se trouvait lorsqu'elle devint votre femme ; elle n'a rien. »

« — Tu te chargeras de l'enrichir ; je t'en laisse le soin. La carrière des armes va être celle de la fortune. Quant à celle que je pourrais te laisser, n'y compte guère : elle appartiendra, jusqu'à la dernière obole, au mari de mademoiselle de Terneuil. »

« — Comme il vous conviendra, mon père ; je n'ai aucun droit à vos propriétés.»

« — Et cette bru que tu veux me donner, saurai-je son nom et quel lieu elle habite ? »

Il y avait tant de rage dans les yeux du fournisseur, sa question fut faite d'un ton tellement irrité, que la franchise d'Helbert ne put aller plus avant. Elle s'arrêta à propos, et il répondit :

« — Je suis bien jeune encore, mon père, pour songer à me marier, et par conséquent à quoi bon vous faire connaître une femme dont je me lasserai peut-être? Il me suffit dans ce moment d'obtenir de vous qu'il ne soit plus question de mon alliance avec mademoiselle de Terneuil. »

« — Il t'en coûtera cher, si elle n'a pas lieu. Je te le répète, tu ne peux concevoir combien elle est nécessaire à notre commune tranquillité. »

Clourfond, dès après ces mots prononcés, quitta brusquement son fils. Il fut rejoindre le petit Renaud, auquel il apprit le refus d'Helbert et sa cause.

«—N'est-ce que cela? répondit celui-ci; votre fils a une maîtresse, il la préfère à toutes les autres femmes, c'est dans la règle commune; mais cette beauté merveilleuse aura-t-elle la même constance ? Ne peut-on pas, puisqu'elle est pauvre, ou l'acheter de ses parens, si elle en a, ou mettre à sa suite quelque beau garçon qui la rende infidèle? Que je sache où elle est, et je vous promets que je vous en délivrerai, d'une façon ou d'autre. »

« — Rendez-moi ce service, mon cher Renaud, et ma reconnaissance..... »

— Savez-vous, Clourfond, que dans

vos propos vous êtes le plus reconnaissant
de tous les hommes; mais au fond... »

« — Vous plaindriez-vous de moi, Renaud? Il me semble pourtant... »

« — Oui, deux mille écus de pension, je
les tiens de votre munificence. Et vous,
que devez-vous à mon amitié, à mon courage! Qui vous a secouru dans vos plus
grands périls? qui a fait disparaître sans retour cette enfant?... et naguère encore
qui porta d'une main ferme le premier coup
de marteau?... »

« — Silence! vous dis-je. Avez-vous besoin d'évoquer le passé? Oui, je sais que je
vous suis redevable, que je ne vous ai pas
donné la moitié de ce que vous méritez de recevoir. Soyez certain que, dès
mon fils marié, je me mettrai en mesure
de vous satisfaire, et que vous le serez complétement. »

« — A la bonne heure. Voilà parler, reprit Renaud avec insouciance. Je vous sers
par sentiment, car le sentiment, c'est notre
fort à tous deux. Vous me paierez cher par

sensibilité aussi, et nous vivrons au mieux ensemble. Or donc, revenons à votre digne fils ; il faut savoir la demeure de sa belle, et dès demain je mets à cette fin mes gens en campagne.

« — Et quels sont ces gens ? »

« — Deux anciens suppôts supérieurs de la police royale, tellement rompus à n'user que de ruses pour parvenir à leur but, qu'ils n'ont pu s'accoutumer de la franchise rude de l'administration actuelle. Ils ont pris leur retraite, et ne font plus leur métier qu'en amateurs. Je les placerai dès demain aux deux issues de la rue de Cléry ; ils suivront votre fils tant qu'il sera nécessaire, ils prendront des renseignemens sur les personnes qu'il ira visiter, et avant que trois jours s'écoulent, nous connaîtrons la demeure et la famille de la demoiselle. »

« — Soit. Qu'ils n'épargnent pas leur peine, je la leur paierai bien. Vous savez aussi bien que moi le besoin que j'ai de ce malheureux mariage. La république peut chuter... »

« — Et les émigrés revenir , ajouta Renaud; ni vous ni moi n'y trouverions notre compte; aussi, vive la Convention nationale! et mort aux tyrans ! »

«—Il n'y a que moi qui vous entende,» dit froidement le fournisseur.

« — N'importe ; il est bon de se maintenir en haleine. A notre âge , l'enthousiasme est toujours glacé. »

Clourfond se mit à rire, et Renaud en fit autant ; puis ils se séparèrent , et chacun d'eux fut à son travail journalier. Clourfond se rendit au comité des affaires de la guerre, où ses rapports avec l'armée l'appelaient souvent. Il rencontra dans l'escalier le patriote Guernon, qui, le saluant avec une civilité républicaine, le complimenta sur sa jolie pupille, qu'il avait trouvée charmante, et qui serait, ajouta-t-il , la digne compagne d'un bon sans-culotte.

«—Je pense comme toi répondit le fournisseur; aussi l'ai-je accordée avec mon fils, et ils seront mariés ensemble avant que celui revienne à sa demi-brigade. »

« — Ah ! dit Guernon tout fâché, est-ce que tu tiens à t'allier avec une ci-devant?»

« Non sans doute à ce seul titre; mais tu viens toi-même de me prouver que la jeune Terneuil était bien capable de faire le bonheur d'un patriote, je pense comme toi et je la donne à mon fils. »

Guernon, fâché de s'être trop avancé, balbutia quelques paroles sans suite, et se hâta de quitter Clourfond, emportant avec lui un vif dépit dans le cœur, et se promettant de nuire à qui lui ravissait une femme que déjà il s'appropriait en espérance. Le fournisseur de son côté n'était pas sans inquiétude : les prétentions qui venaient de lui être manifestées étaient redoutables; on ne pouvait sans péril être mal avec un parent de Fouquier-Tainville, surtout à cette époque où la terreur augmentait chaque jour de puissance ; il souhaitait plus que jamais presser l'hymen de son fils, et se montrait impatient de connaître enfin quelle créature s'était emparée des affections de ce jeune homme. Le surlendemain, Renaud comme s'il eût deviné son anxiété, entre dans sa chambre avant neuf heures du matin.

« — Savez-vous quelque chose d'intéressant ? » demanda Clourfond.

« — Oui, répondit-il, et quelque chose de fort étrange aussi, je sais tout ce que fait votre fils, et j'ai vu que je ne m'attendais pas à la bizarre découverte qui vient d'être faite. »

« — Vous m'effrayez, Renaud, dit Clourfond d'une voix émue. Que se passe-t-il donc de si extraordinaire dans la conduite de mon fils ? »

« — Il a une maîtresse, je sais où elle loge, je sais qui elle est ; il a resté chez elle plus de six heures en deux reprises, dans la journée d'hier ; il y était dès après avoir déjeuné ici, il y est revenu dans la soirée. Les voisins le voient entrer chaque jour avec une exactitude extrême, et ils déplorent le choix de ce beau garçon. »

« — Qui est-elle donc ? s'écria Clourfond impatient ; vous prenez plaisir à me laisser sur des épines; que je sache mon malheur dans toute son étendue. »

« — Aussi bien que gagnerions-nous à vous le taire? Votre fils, qui refuse la main de mademoiselle de Terneuil, porte tendrement ses hommages à une coureuse de rues, à une fille de joie enfin. »

« — Cela ne peut être, il en est incapable, vos agens l'ont calomnié. »

« — Non, mon ami, ils ont bien vu, ils ont découvert la chose d'une manière irréfragable, ils m'en ont donné la preuve. Désolez-vous, mais ne doutez pas. Il y a dans la rue d'Argenteuil, auprès de celle des Frondeurs et au numéro... une femme de mauvaise vie, qui loge au deuxième étage avec sa mère, vieille sorcière qui ne vaut pas... On ignore le nom de celle-ci; l'autre s'appelle Clotilde, elle est belle femme. Hardie insolente, elle brave toute pudeur, et est redoutable au quartier, parce qu'on la soupçonne de fréquenter sècrètement plus d'un députe du côté de la Montagne. »

Clourfond écouta dans un morne silence

ce que lui apprenait son ami; il ne faisait
point comme les espions mis à la suite
d'Helbert, il ne prenait pas le change, et
sachant quelle personne il avait logé sous
le toit de Clotilde, il devina sur-le-champ
que celle-là, et non la fille de la rue, était
l'objet de l'amour de son fils. Renaud termina, et lui prenant la parole :

« — Vos hommes, Renaud, ont été mis
sur la voie du lièvre, mais ils se sont four-
voyés en approchant du gîte. Je jouerais
ma vie et je ne craindrais pas de la perdre
que cette misérable drôlesse n'est point
l'objet qui attire mon fils dans ce lieu. »

« — Qui donc pourrait-ce être ? »

— « La seule personne au monde qu'il
n'aurait pas dû aimer; la seule que Satan
devait placer sur sa route, et il n'a pas
manqué de le faire; enfin Adélaïde Sendier. »

« — Oh ! s'écria Renaud comme frappé
d'une étincelle électrique, est-ce qu'il y
aurait réellement une providence? »

« — Je ne sais que vous en dire; ce qu'il

y a de certain c'est qu'il existe une fatalité qui lui ressemble à s'y méprendre. »

« — Et vous avez logé cette fille dans cette maison. »

« — Ne fallait-il pas m'en défaire ? je désirais m'en débarrasser, et néanmoins je voulais qu'elle prît une profession honorable et lucrative. »

Le rire qui accompagna ce propos épouvanta celui qui le vit, et pourtant Renaud était de ces hommes que leur conscience ne tourmente point : mais ceux qui commettent les actions les plus répréhensibles éprouvent involontairement une sorte d'horreur à la manifestation de la perversité de leurs complices ; ils ont toujours des motifs d'excuses pour eux-mêmes, tandis que les vices des autres leur apparaissent dans toute leur laideur. Renaud cependant se garda bien de faire connaître au fournisseur sa pensée secrète ; il feignit une gaieté égale, et en riant aussi il répliqua :

« — La petite fille ne pourrait se plain-

dre de vous qu'avec ingratitude. Au reste
vous avez raison, Helbert ne va pas dans
ce lieu pour la nommée Clotilde, mais pour
votre intéressante pupille. »

«—Où l'aura-t-il connue?» se demanda
Clourfond à haute voix.

« — Ceci, riposta son émule en scélératesse, est une question inutile ; il vous
suffit de savoir qu'il la connaît et qu'il
l'aime. Si nous avions pu prévoir cet évé-
nement, vous savez que nous n'aurions pas
pris autant de peine. Pensez-vous qu'on
puisse maintenant revenir sur le passé ? »

«—Non, et cent fois non. Songez, Renaud, à tout ce qui en résulterait; comment
m'expliquerais-je avec mon fils? quelles
raisons donnerais-je à ceux qui auraient
droit de me demander des éclaircissemens?
Il est impossible que l'état politique dans
lequel nous nous trouvons existe long-
temps ; un mouvement nécessaire ramènera
vers l'ordre et une bonne administration;
dans quelle position nous trouverions-nous
alors? Croyez-moi, ne reculons pas, allons

en avant ; c'est le seul moyen de surmonter
les embarras de notre route. »

« —Alors il faut qu'Helbert épouse Louise ;
et que deviendra Adélaïde ? »

« — Je n'en sais rien encore, répliqua
Clourfond d'une voix sourde ; ce que vous
me dites me jette en de fâcheux embarras ;
elle ne peut rester au milieu de nous comme
une pierre d'achoppement : pensez-vous qu'il
ne sera pas nécessaire qu'elle disparaisse ? »

« — Comment l'entendez-vous ? » demanda Renaud.

« — Je voudrais... il serait utile... Le
diable vous emporte, cervelle bouchée !
Ne devinez-vous donc plus à demi-mot ? »

« — Ce serait, mon ami, un coup bien
épouvantable... une enfant... »

« — Ah ! vous n'êtes pas autant pitoya-
ble à l'égard des vieilles. »

« — Il y a ici plus de danger. Qui,
dans la tempête où nous sommes, peut
prendre intérêt à la mort forcée d'une
vieille gouvernante, venue à Paris de plus
de deux cents lieues et que personne ne

connaissait? Son cadavre trouvé, on s'est
mis en devoir de le jeter dans la fosse
commune avec les autres. On a dressé
procès-verbal, peut-être, et tout en est
resté là. Ses vêtemens misérables, l'absence de tous papiers qui auraient pu la
faire reconnaître, ont servi à épaissir le
voile derrière lequel nous sommes ca-
chés. Vous est-il revenu que l'on ait fait
des poursuites? »

« — Non. Je suis passé plusieurs fois
dans la rue de Berri, je n'ai rien entendu
dire. »

« — Ni moi non plus. Elle est bien
morte, et tout est fini. »

« — Et si elle vivait encore? »

« — Elle, à son âge, et frappée tour à
tour par votre main et par la mienne? elle
aurait donc l'âme chevillée dans le corps! »

« — Savez-vous que votre imprudence
a été bien grande. Quoi! transporter l'instrument qui nous a servi jusque dans la
rue d'Argenteuil! »

« — Je l'ai fait avec connaissance de

cause ; il fallait diviser les soupçons. Et vous, qui me reprochez cet acte de sagesse, que dites-vous de celui de votre folie, quand vous avez racheté quatre mille francs cet outil ensanglanté ? »

« — Je vous aurais voulu à ma place, et vous voir tout à coup en face du témoin muet de notre cri... Par bonheur que tout s'est bien arrangé, la fille croit que cette somme, comptée pour l'acquisition d'un objet si minime, n'a été qu'un détour adroit dont je me suis servi pour la mettre dans mes intérêts. D'ailleurs, je suis certain d'avoir emporté le marteau de chez elle, et, si je l'ai perdu, ce doit être dans le Palais-Royal que j'ai traversé. »

« — A la bonne heure, que cela soit ainsi, et nous serons tranquilles. Mais revenons au sujet principal de notre conversation. Espérez-vous que la mort d'une jeune fille, belle et déjà aimée, ne fasse aucun éclat ? Vous l'avez promenée de quartier en quartier dans Paris, vous avez ailleurs aussi établi vos rapports avec elle ; ne finira-t-on

point par la réclamer auprès de vous? Ré-
fléchissez à ceci, et vous la laisserez vivre. »

« — Renaud, les morts seuls ne revien-
nent pas. »

« — Barrère l'a dit, le mot est très-
profond; mais, dans ce cas... »

« — Eh bien, nous verrons plus tard ,
nous en reparlerons ensemble; maintenant
un seul point est à débattre, ce que nous
ferons d'Adélaïde Sendier. »

« — Il est hors de doute qu'il faut la caser de manière que votre fils perde sa trace;
qu'il convient de la dépayser. Il me semble
que si vous me présentiez à elle sous le titre
de son oncle, que je pourrais l'amener hors
de Paris, dans le fond, par exemple, de la
Bourgogne, de la Guienne ou du Limou-
sin ; là, je veillerais sur elle, j'éviterais
toute correspondance , et, pendant ce
temps, votre fils se marierait avec Louise. »

« — Votre avis est bon, il faut le suivre,
et cela promptement. Nous allons nous rendre chez Adélaïde, l'amener avec nous,
la placer pour deux fois vingt-quatre heu-

res dans un hôtel garni, et, pendant ce temps, je ferai, en votre nom, l'acquisition d'une terre d'émigré, située loin de Paris. Vous irez l'habiter, et les dix à douze mille francs de rente qu'elle vous vaudra vous prouveront, j'espère, combien je tiens à vous contenter. »

« — C'est là parler en honnête homme; il ne me sera plus permis de me plaindre de vous. »

« — Ah! si votre nièce, au bout d'un peu de temps, perdait la santé, si elle descendait vers la tombe, vous auriez à votre retour une maison dans Paris. »

« — Je déteste la province, Clourfond; je n'ai de l'amour que pour le séjour seul de la ville où nous sommes. »

Ces deux misérables, à ces dernières paroles prononcées, sourirent l'un à l'autre et se serrèrent la main; ils venaient de s'entendre, et un crime de plus devait être commis.

CHAPITRE VIII.

UNE RECONNAISSANCE.

Conjunctio animi est cognatio.
SYRUS.
La meilleure parenté est celle du cœur.

QUATRE ou cinq jours avant celui où eut lieu la conversation entre le fournisseur et son ami, et que j'ai rapportée au chapitre précédent, la jeune Adélaïde était enfermée dans sa chambre, lorsque l'on frappa à sa porte.

« — Qui est là ? » dit-elle.

« — Moi, la mère Rascas, lui répon-

dit-on, qui vient vous tenir compagnie.
Clotilde vient de sortir avec le général San-
terre, je suis seule et je m'ennuie. »

« — Mon Dieu, citoyenne, je ne puis
vous ouvrir ; je m'habille et suis presque
nue. »

« — Ah! mon enfant, qu'est-ce que cela
peut me faire? je ne suis pas un jeune
homme aux passions ardentes. Ouvrez toujours, je vous aiderai à lasser votre corset. »

Adélaïde obéit. Elle avait dit vrai, elle
était strictement en chemise, et encore
était-ce celle qu'elle allait quitter. Pétronille, malgré l'acrimonie habituelle de son
caractère, n'avait pu vivre quelque temps
avec Adélaïde sans l'aimer. La douceur
naïve de cette jeune fille, mêlée cependant
à une sorte de fermeté, la subjugua complétement. Clotilde s'en aperçut à une foule
de petits soins de ménage qu'elle s'empres-
sait de rendre à leur locataire. Aussi lui
dit-elle un jour :

« — Ma mère, vous avez envie de vous
donner une seconde fille. »

« — Et aussi vrai que tu parles, répliqua Pétronille; je sens qu'il y a dans mon cœur une place pour cette petite fille. Elle a tant de gentillesse, de bonhomie et d'esprit naturel, elle est si obligeante, elle me témoigne tant de reconnaissance de ce que je fais pour elle, qu'un rocher de la Provence serait seul à ne pas s'en attendrir. »

Depuis lors l'amitié de la vieille femme augmenta, et, quoique son aspect fût repoussant, Adélaïde ne laissa pas que d'être sensible à ses bons offices, et elle saisissait les moindres occasions de le lui manifester. La voilà donc installée en face de la couturière, qui, par pudeur, place d'abord un jupon par-dessous sa chemise avant que d'en passer une autre. Déjà elle prend celle-ci, lorsque Pétronille la lui arrachant :

« — Madame la marquise, je ne souffrirai pas, dit-elle, votre femme de chambre absente, que vous vous serviez vous-même; c'est moi qui remplirai son rôle aujourd'hui. »

A ce propos, auquel ses oreilles n'étaient point accoutumées, Adélaïde se mit à sourire agréablement et se tourna vers Pétronille comme pour la remercier. Dans ce moment la chemise, qu'elle avait déjà sortie de ses bras, tomba; celle que tenait Pétronille élevée au-dessus de sa tête ne descendit pas assez vite, il y eut un intervalle pendant lequel son beau corps demeura nu et laissa voir une pensée admirablement dessinée par la nature et placée par elle entre les deux épaules. A l'aspect de cette singularité, la vieille femme, comme médusée, l'examina avec une curiosité avide; puis, ne pouvant contenir l'excès de son émotion, elle poussa un cri terrible et se laissa aller à la renverse sur le plancher.

L'embarras d'Adélaïde fut extrême; elle oublia sa nudité pour ne songer qu'à secourir Pétronille; et comme sa force répondait à la richesse de sa taille, elle la

releva sans peine et la plaça sur un large
fauteuil ; ensuite elle lui prodigua les soins
les plus affectueux. Pétronille ne tarda pas
à revenir à elle, son cœur recommença à
battre avec violence et ses yeux caves à
lancer leurs éclairs accoutumés. Adélaïde la
voyant mieux, prit ce temps pour passer
sa chemise ; mais elle, s'élançant du siége
qui la supportait, saisit la jeune fille par les
bras.

« — Non, non, lui dit-elle, ne t'habille
pas encore, laisse-moi bien voir que je ne
me trompe point ; oui, voilà bien cette
pensée jolie, ce signe du sang illustre dont
tu sors ; oui, tu es bien Ernestine, ma
fille, vraiment ma fille, parce que je t'ai
nourrie de mon lait. »

Et Pétronille, en parlant ainsi, couvrait
de baisers les épaules nues d'Adélaïde,
pleurait et riait tout à la fois. Celle qui
était témoin de ses transports ne pouvait
les comprendre ; néanmoins elle en était
émue, et parvenant enfin à se dérober mo-
mentanément à de si vives caresses, elle se

rhabilla complétement. Alors, moins embarrassée, elle revint à la vieille Rascas qui se parlait à elle-même, et lui pressant les mains, elle la supplia de lui expliquer la cause de son évanouissement et de ses transports, à la vue d'un signe qu'elle-même connaissait à peine.

« — Non, pas à présent, répondit Pétronille avec une joie mêlée de larmes, j'ai besoin de raffermir ma tête plus qu'à demi égarée, de prendre conseil de ma raison ; qu'il te suffise pour aujourd'hui de savoir, chère enfant, que tu ne m'es pas étrangère, car une telle marque si bien empreinte dans ma mémoire ne peut se répéter deux fois dans la même position et sur une créature de ton âge. J'ai été ta nourrice, j'ai eu pendant trois ans ce bonheur ; c'est moi qui t'ai fait marcher la première, et ta bouche aussi prononça mon nom avant ceux des autres. Hélas ! ta mère survécut peu à ta naissance, et ce ne fut toi qui lui donnas la mort. Chère fille, chère Ernestine, laisse-moi t'examiner encore

6*

et me convaincre que je ne suis point dans l'erreur. »

Elle prit Adélaïde, la conduisit auprès de la fenêtre, détailla chaque trait de son visage, et prétendit qu'ils se rapportaient parfaitement à ceux de l'enfant dont elle avait été la nourrice.

« — Ceci m'explique, ajouta-t-elle, cette amitié que je me suis sentie pour toi presque en te voyant; c'était plus que de l'amitié, c'était l'amour du lait, cet amour non moins fort que celui du sang. »

Adélaïde l'écoutait, et des larmes de sensibilité coulèrent enfin de ses jolis yeux; elle trouva quelque douceur à rencontrer une femme qui s'intéressât à elle, ne dût-elle savoir à quel titre; mais en même temps elle renouvela ses instances auprès de Pétronille, pour la décider à lui apprendre ce qu'elle savait sur son origine. Celle qu'elle questionnait se refusa de la satisfaire sur ce point; mais en même temps elle la pressa de questions sur son enfance. Elle reconnut le vieux château et la contrée où la jeune fille disait avoir passé ses premières années, elle se rappela parfaitement la gouvernante, madame Herminier, dont Adélaïde regrettait les soins; elle suivit celle-ci dans son voyage à Paris avec Clourfond, et enfin elle apprit toute l'histoire de la pupille du fournisseur jusqu'au moment de sa venue dans la rue d'Argenteuil.

La mère Rascas cherchait à deviner quels motifs avaient pu conduire Clourfond dans ses rapports avec Adélaïde. Elle y rêvait encore lorsque Clotilde rentra. Son premier soin fut de la prendre à part et de lui raconter la découverte qu'elle venait de faire.

« — Quel homme! dit Clotilde en faisant le signe de la croix; chacun de ses propos est un mensonge, chacun de ses actes un crime. Et pourquoi veut-il perdre la fille d'une aussi illustre maison? »

« — Je ne puis m'en dire encore le motif, répliqua Pétronille; voilà tant d'années que nous avons quitté la Provence! Peut-

être que tous ces gens-là ont péri dans la
révolution ou sont en fuite, et dans ce cas
il serait possible que ce misérable ait voulu
par intérêt... Je m'y perds; cependant je
saurai la vérité. En attendant, gardons sur
ceci un profond silence; il ne faut pas que
le capitaine Helbert en sache rien; il pourrait finir par trop avoir à craindre pour son
père, et alors... »

«— Soit, qu'il ne l'apprenne pas de nous;
mais Adélaïde sera-t-elle discrète à son
égard? ne se hâtera-t-elle pas de lui confier ce qui s'est passé aujourd'hui? »

« — Que lui dira-t-elle? que je suis sa
nourrice, que je connais le secret de sa naissance; eh bien, sur cela il vient à moi et
me demande une explication que je refuse.
Il insiste, je continue à me taire, et il aura
beau faire, il ne saura que ce qu'il nous est
impossible de ne pas lui cacher. »

La chose aurait eu lieu ainsi que la pré-
disait Pétronille; mais Adélaïde, malgré son
amour et l'indiscrétion naturelle à son âge,
ne voulut point instruire Helbert de ce

qu'elle avait appris ; elle le connaissait pour
le fils de son tuteur, elle répugnait à ajou-
ter des couleurs défavorables au portrait de
son père ; son sens droit lui faisait démêler
quelque chose d'atroce dans le caractère et
dans les démarches de celui-ci. En conséquence elle se tut devant son amant, et elle
fut la première à prier Pétronille et Clotilde de garder un profond silence sur cet
incident. Elle s'étonnait d'une autre part
de la retenue de la vieille Rascas, dont elle
n'appréciait pas les motifs. Clotilde lui dit
à ce sujet :

« — Tranquillisez-vous, Mademoiselle
(car dès lors elle ne lui parla plus qu'avec
respect): si ma mère ne vous explique pas
ce que vous êtes, c'est qu'elle a des raisons puissantes ; mais avant peu tout chan-
gera, et votre vie future sera plus heureuse ; aussi bien méritez-vous ce bonheur
à venir.

Adélaïde fut assurément très-sensible à
ce que la Provençale pensait d'elle, et des
prévisions qu'elle avait de son avenir ; mais

cependant elle aurait préféré obtenir de la
mère Rascas les lumières qui l'eussent
éclairée sur son origine; ne pouvant vaincre
la répugnance ou le calcul de cette femme,
elle cessa d'insister. Au reste, dès ce moment, Pétronille et sa fille furent, non ses
égales, mais presque ses servantes; elles
lui épargnèrent une foule de détails d'intérieur dont elles ne s'occupaient point
auparavant ; la nourriture qu'on lui servit,
car elle était leur pensionnaire depuis son
entrée dans la maison, quoiqu'elle mangeât
seule dans sa chambre; la nourriture devint plus délicate, plus recherchée; enfin
on témoigna un zèle extrême à la satisfaire.
Il y avait dans ces soins rendus un mélange
de respect et d'affection remarquable, et
qui ne se ralentirent pas.

Saint-Just, quoiqu'il vînt souvent dans
l'appartement de Clotilde, n'entrevit jamais
Adélaïde, non plus que les autres indi-
vidus, en petit nombre, il faut le dire, qui
étaient admis à rendre leur hommage à la
divinité du lieu. Saint-Just, par une suite

de la fougue de son caractère, affectionnait
Clotilde; il se reposait, dans cette tendresse, de ses fatigues, de ses tracas poli-
tiques. Sa vie, quoiqu'il fût bien jeune,
était à tel point remplie, qu'elle le débor-
dait; il sentait en lui un germe de disso-
lution prochaine, soit qu'elle provînt d'une
cause physique ou morale. Il est certain
que plus d'une fois il avait dit à sa maîtresse qu'il ne tarderait pas à mourir.

« — Dieu te sauve, lui répondait-elle,
de te livrer à ces funestes pensées! Et
pourquoi veux-tu en finir avec l'existence?
le peuple t'admire; Robespierre t'affec-
tionne; je t'aime; tu es nécessaire à la
prospérité de la république : d'où proviennent donc ces dégoûts? »

« — Eh! reprit Saint-Just avec un
sourire mélancolique, crois-tu que la vie
pour me quitter ait besoin toujours de mon
consentement? Ne vois-tu pas sur quelle
planche pourrie cheminent aujourd'hui les
vrais patriotes? Qui te dit qu'au sein de la

représentation nationale il ne s'élèvera pas un parti qui enverra l'incorruptible Robespierre à l'échafaud? et s'il tombe, je lui suis trop étroitement uni pour qu'on me laisse debout. Jouissons, Clotilde, de cette journée, elle est à nous. A qui appartiendra la prochaine, nul ne le sait! »

La Provençale ne pouvait répondre ; elle pleurait, la tête penchée, afin de cacher ses larmes à son amant. Il les devina; et relevant de ses deux mains le visage de la fille, il le couvrit de ses baisers.

« — Du moins, dit-il, lorsque j'expirerai, il me restera pour consolation la certitude qu'il y aura dans le monde une femme qui me regrettera. »

Clotilde secoua son front et répondit :

« — Ne conserve pas cette espérance : après toi s'il n'y a que moi pour te pleurer, aucune larme ne sera donnée à ta mémoire. »

« — Seras-tu sitôt consolée ? je ne le crois pas. »

« — Consolée? non, car je t'aime trop;

et pourtant je ne t'aime pas assez pour te survivre. »

« — Folle ! s'écria Saint-Just en la repoussant de l'autre côté du canapé, je veux de toi des regrets, et non du sang. »

« — Le mien sera peu de chose auprès de celui que l'on verse tous les jours. »

« — Celui-ci est nécessaire : des traîtres seuls périssent. S'ils vivaient nous n'existerions pas. »

« — Mais les femmes ! mais les jeunes filles !.... »

« — Clotilde, je t'en supplie, je ne veux pas plus que tu meures pour moi, que de t'entendre prendre la défense des aristocrates conspirateurs. »

La Provençale, en parlant pour son sexe, avait cédé plutôt à une impulsion irréfléchie qu'à un mouvement de son cœur. Elle était, je crois l'avoir dit, toute dominée par les opinions de son amant et des hommes qu'elle voyait en intimité ; aussi ne s'intéressait-elle que peu aux victimes.

Du reste, cet incident avait presque fait oublier à Saint-Just la résolution qu'elle avait manifestée. Il ne la regarda d'ailleurs que comme le résultat d'une exaltation accidentelle, et il se flatta que le lendemain elle n'y songerait plus.

Plusieurs jours s'écoulèrent, ainsi que je l'ai dit au commencement de ce chapitre, depuis celui où la mère Rascas retrouva sa fille de lait dans la jeune Adélaïde, jusqu'à celui où Clourfond fut informé par Renaud que son fils Helbert aimait une femme logée rue d'Argenteuil, n°.... Dès leur conversation finie, il se prépara à se rendre chez sa pupille, escorté de son compagnon, destiné à jouer le rôle d'oncle. Avant toutefois d'y aller, il voulut parer à l'inconvénient d'une rencontre inopportune avec Helbert. La course fut remise après le déjeuner, où l'on était certain que le capitaine viendrait.

Il y parut en effet, toujours en la compagnie d'Edouard, son camarade insépa-

rable ; et Clourfond amena avec lui l'as-
tucieux Renaud. Le repas fut triste. Nul
n'était content. Les citoyennes Bellerive
et Thomas avaient eu dans la matinée une
querelle vehémente ; elles se boudaient
réciproquement. Le fournisseur songeait
à ce qu'il allait faire, et Helbert pensant
qu'il était la cause du chagrin empreint
sur les traits de son père, en éprouvait
une vive douleur. Tout à coup Clourfond
s'adressant à lui :

« — Mon fils, dit-il, tu m'es nécessaire aujourd'hui : il faut que tu me
sacrifies tes plaisirs ou tes affaires. Je te
remettrai, en sortant de table, des docu-
mens importans que tu iras porter au
comité des finances; là , tu les feras enre-
gistrer devant toi, et tu ne les perdras pas
de vue que les récépissés ne soient dans tes
mains : cela demandera quatre ou cinq
heures; mais je ne puis confier de tels
intérêts à d'autre qu'à toi. »

Quoique Helbert fût contrarié d'être

forcé de renoncer à voir sa belle amie pendant la journée, il n'hésita pas sur ce qu'il
avait à faire, et assura son père que ses
ordres seraient ponctuellement remplis.
Un sourire de satisfaction éclaira la phy-
sionomie du fournisseur. Ce sourire aurait
peut-être donné l'éveil à un observateur
méfiant; Helbert n'y vit que le contentement paternel. Le déjeuner ne se pro-
longea pas. Presque tous ceux qui étaient
là, à la réserve d'Edouard ou de Louise,
souhaitaient d'être ailleurs. Les deux
vieilles dames rentrèrent chacune dans leur
appartement. Helbert suivit son père dans
le sien, et Renaud sortit tout de suite de
la maison, afin de ne pas avoir l'air d'attendre son ami. Il savait à l'avance dans
quel lieu il le retrouverait. Le jeune homme,
muni de ses instructions et d'un énorme
dossier de papiers, chemina vers le comité
des finances. Peu après, son père partit
aussi, impatient qu'il était de rompre le
nœud fatal qui liait Helbert avec sa pupille
mystérieuse; son tourment ne devait pas

être de longue durée. Avant la fin de la
journée, et pour jamais sans doute, Helbert et la jeune fille seraient séparés.

———

CHAPITRE IX.

LA LUTTE DU VICE HONNÊTE CONTRE LE VICE CRIMINEL.

Qui cavet ne decipiatur, vix cavet, cùm etiam cavet ;

Etiam cum cavisse ratus est, sœpè is autor captus est.

PLAUTE, *Le Captif*, acte 2, scène II.

Que le trompeur se tienne sur ses gardes, car souvent, au moment où il cherche à fourber les autres, on parvient à le tromper lui-même.

LA confiance était entière du succès de cette sorte d'expédition entre Clourfond et Renaud : laisser le dédommagement du trimestre complet à la Provençale si elle l'exigeait et emmener Adélaïde, c'était là tout ce qu'il y avait à faire. Ils arrivèrent à l'appartement de la jeune personne ; le fournisseur en avait une double clef. Il s'en servit pour ouvrir, et trouva sa pupille seule et occupée à travailler. Elle se leva de son siége à l'aspect de ceux qui arrivaient, et salua son tuteur avec plus de respect que de tendresse ; lui, sans y faire attention :

« — Ma chère enfant, dit-il, votre fortune cesse d'être malheureuse. Voici un bon parent que le ciel vous envoie, un oncle qui, de retour d'un long voyage et de la prison dans laquelle les ennemis de la France l'avaient renfermé, est venu me chercher pour s'informer de vous. Je lui ai conté vos malheurs, votre misère. Il désire les réparer ; vous partirez ensemble pour une province éloignée où il va acquérir une belle propriété. Vous serez désormais au dessus du besoin, et dans la seule dépendance d'un membre de votre famille. »

Clourfond aurait pu parler davantage sans qu'Adélaïde songeât à l'interrompre. Etonnée au delà de toute expression de ce

qu'elle apprenait si inopinément, frappée
de se trouver en présence d'un des siens
sans que son cœur battît de plaisir, elle
n'était pas rassurée par la figure froide et
inanimée de Renaud. Vainement ce dernier cherchait à se monter à l'explosion
d'une reconnaissance, il ne pouvait commander à la nature, et il restait devant sa
nièce non comme un parent, mais comme
un étranger. Il prononça quelques phrases
insignifiantes, il embrassa Adélaïde; elle lui
rendit un baiser glacé en se rappelant malgré elle que la vieille Rascas avait mani-
festé d'autres sentimens lorsqu'elle avait
retrouvé en elle sa fille de nourrice. Ti-
mide d'ailleurs à l'extrême devant son tuteur, elle n'osait rien dire, rien contester;
elle éprouvait une douleur extrême de
sortir ainsi de la maison, de ne plus voir
Helbert, et d'acquérir la certitude qu'elle
serait ravie sans retour à son amour ardent. Ces pensées déchirèrent son cœur;
elle balbutia une réponse polie : ce fut
tout. Elle ne put aller au delà; mais elle

essaya d'une voix faible de prier le fournisseur et son oncle de remettre son départ
à demain.

« — Qui vous retient ici ? » demanda
Clourfond avec une sorte d'aigreur.

« — Je ne puis, reprit-elle toute tremblante, entreprendre le long voyage dont
vous me parlez sans emporter avec moi
tout mon linge. Eh bien, la meilleure
partie n'est pas ici, la blanchisseuse ne le
rendra que demain dans la matinée. »

« — Voilà, dit l'oncle en affectant une
gaieté de bonhomme, une véritable objec-
tion d'enfant. La blanchisseuse donnera
demain le linge à la personne à qui appartient cette chambre, et vous viendrez le
chercher, à moins qu'il ne suffise d'un domestique que nous chargerons de ce soin. »

Adélaïde, battue dans son dernier retran-
chement, ne se connaissait plus aucun
moyen de résistance. Elle hésitait cependant à s'abandonner à ce parent qui montrait si peu d'affection pour elle. C'était
avec une vive ardeur qu'elle implorait le

secours de la Providence, lorsque celle-ci, prenant pitié de son embarras, ramena dans la maison la belle Provençale. Elle venait de déjeuner avec Saint-Just; sa tête n'était point précisément étourdie, mais se trouvait en un accès de gaieté peu ordinaire. En montant l'escalier, voyant contre l'usage la porte de sa locataire ouverte, elle entra pour s'informer de la cause d'un oubli inaccoutumé, et se trouva face à face avec le fournisseur et son digne ami.

« — Ah! citoyens, dit-elle, je m'aperçois que la compagnie est ici nombreuse; je vous gêne peut-être, dites-le-moi et je me retirerai. Aussi bien en est-il un parmi vous que je préférerais voir en route pour les enfers, qu'à deux pas de moi. »

« — Clotilde, dit Adélaïde les yeux baignés de larmes, je vous quitte pour toujours; ces messieurs m'emmènent avec eux. »

« — Vous emmènent, citoyenne! répliqua

Clotilde que ce mot rendit à toute sa raison ; et pourquoi, s'il vous plaît ? »

« — Je ne crois pas, répondit le fournisseur en affectant un ton digne, que l'on soit obligé de vous rendre compte des motifs qui me forcent à faire quitter ce logement à ma pupille. Chaque mois vous a été payé d'avance ; exigez-vous le terme ? le voici. Tout est réglé entre nous, citoyenne, et j'ai l'honneur de vous saluer. »

« — Tu te trompes étrangement si tu crois avec cette somme me payer tout ce que tu me dois. Il y a de tels chiffres à poser entre nous, que Barême y perdrait sa science. Non, rien n'est réglé, et d'abord, pour t'en donner une preuve, c'est que je veux que la citoyenne Adélaïde reste dans cette chambre tant qu'il lui plaira d'y demeurer. »

« — Tu le prends, ma petite, sur un ton étrange ; me contesteras-tu mes droits sur ma pupille ? »

« — Peut-être. D'ailleurs quels sont tes droits, ne les as-tu pas perdus en venant la

loger ici? Tu savais, avant que de le faire,
que tu la plaçais chez une fille du monde.
Tu as donc voulu son avilissement, sa pro-
fanation? Ceci n'est-il pas vrai? les preuves
n'en sont-elles pas évidentes? Si cette ange
de vertu et de beauté s'est conservé pure
à qui le doit-elle? A son tuteur? Non, car
il a fait tout ce qu'il pouvait faire pour la
plonger dans le vice. Elle le doit à la prostituée, à moi qui suis honnête dans mon
infamie, à moi qui la tuerais plutôt que de
souffrir qu'elle fût souillée. »

La vérité, n'importe la bouche d'où
elle sorte, est tellement prépondérante, que
son triomphe est toujours assuré. Le fournisseur, atterré par la réplique véhémente
de la Provençale, qui dévoilait aux yeux
d'Adélaïde sa manœuvre infâme, demeura
confondu. Il essaya de répliquer; il proféra
des injures et ne put dire autre chose.
Renaud vit son accablement et sa confu-
sion. Il essaya de l'aider à se tirer de ce mé-
chant pas; aussi se tournant vers Clotilde:
« — Je ne me mêle point, citoyenne, d'une

affaire qui ne me regarde pas, mais celle-ci m'est personnelle. Je suis venu accompagner le citoyen, parce que je tenais à ce qu'il me présentât à ma nièce que voilà, et à laquelle je vais assurer un sort digne de son mérite. Les droits du sang sont les premiers de tous; vous ne les déclinerez pas, je suppose. »

Clotilde lança à l'interlocuteur un regard de mépris, et elle se mit à sourire.

« — Ah ! dit-elle ensuite, vous êtes son oncle ? »

« — Oui, citoyenne. »

« — De père ou de mère ? »

« — De mère, » répliqua Renaud en hésitant.

« — Et comment se nommait votre sœur, ou plutôt quel était le nom de son mari ? »

« — Suis-je donc obligé de subir ici cet interrogatoire ? »

« — Oui, reculez afin d'avoir le temps de composer un mensonge, car vous n'oserez jamais devant cette jeune fille prononcer le nom véritable de ses parens; ni vous un digne tuteur ne commettrez une telle faute. »

« — Je ne sais plus où j'en suis, lui dit alors Clourfond, et on n'a jamais vu une locataire qui paie bien être empêchée de quitter en liberté son logement. »

« — Écoute, lui répondit la Provençale, écoute bien, toi dont je n'approche qu'avec effroi, ce que j'ai à te dire : je consens à te donner quelques jours de répit avant que je ne te poursuive comme tu le mérites, mais ce sera à condition que tu renonceras à te mêler de la querelle présente. »

Clotilde, tandis qu'elle s'exprimait ainsi, monta légèrement sur une chaise, et prit au dessus d'une armoire un objet qu'elle enveloppa de son mouchoir, et qu'elle cacha sous son schall léger. Le fournisseur, subjugué par son ton impérieux, hésitait sur ce qu'il avait à dire ; il appréciait l'embarras de sa position, et comprenait parfaitement que cette créature audacieuse le connaissait plus qu'il ne l'aurait voulu. Renaud, hardi parce qu'au contraire il se croyait très-ignoré d'elle, s'adressa d'un air fier à la même Adelaïde.

« — Ma nièce, dit-il, laissez crier cette femme arrogante, et suivez-moi. »

Adelaïde demeura immobile ; Clotilde, dont la taille dépassait celle de Renaud, le prit par le bras, et avec un calme parfait lui renouvela sa question.

« — Apprenez-moi comment on appelait dans le monde le mari de votre sœur. »

« — M. de Saint-Sylvestre, » dit-il enfin non sans effort.

« — J'étais bien certaine, répliqua Clotilde avec une ironie amère, que je voyais un fourbe devant moi ; j'ai maintenant la certitude qu'il s'y est joint un faussaire. Tu mens, misérable, avec effronterie ; tu mens, et tu ne fus jamais le parent d'Adélaïde ; j'en ai la preuve évidente par le nom que tu viens de donner à ton beau-frère prétendu. Que dis-je ? avais-je besoin de ce dernier fait pour être assurée de ton imposture ? n'a-t-elle pas éclaté complétement à mes yeux lorsque j'ai accusé devant toi

cet autre coupable d'avoir essayé d'entraî-
ner sa pupille dans le vice, et pour cela
d'être venu l'établir chez moi? Ah! si tu
avais été du beau sang dont tu te targues,
à cette révélation de ma part une colère
violente, manifestée justement, aurait éclaté
contre une telle scélératesse; mais non, tu
es demeuré tranquille, ton corps n'a point
frémi, tes yeux n'ont pas lancé des éclairs.
Cela devait être, je ne t'apprenais rien que
tu ne susses déjà; la conduite de cet homme
t'était parfaitement connue. Sors donc, misérable, sors avec lui, et allez ailleurs cacher votre honte et vos crimes. »

La Provençale, animée par une indignation qui à cette heure était de la vertu, sortait grâce à elle des formes de sa vie accoutumée; elle se grandissait, parce qu'elle
avait la satisfaction de combattre le crime,
et les expressions relevées venaient natu-
rellement à sa bouche, car elle les prenait
dans son cœur. Les deux personnages auxquels elle s'adressait demeuraient immo-
biles; la colère qu'ils éprouvaient sans

doute s'effaçait devant leur effroi ; l'effronterie de Renaud disparut ; il regardait la
porte avec inquiétude, comme s'il eût craint
que dorénavant Clotilde ne s'opposât à sa
sortie comme à celle de sa nièce. Clourfond, non moins consterné, éprouvait les angoisses d'un trouble inexprimable, et pourtant il sentait l'impossibilité d'abandonner
ainsi la partie à la simple injonction de
cette fille sans se mettre à jamais dans sa
dépendance. Que devait-il faire ? il le cherchait et ne le trouvait pas ; les choses res-
taient dans cette position délicate, lorsque
une résolution subite d'Adélaïde vint la
compliquer.

Cette belle personne, ainsi que je l'ai dit,
avait autant de douceur, d'ingénuité dans
le caractère que de force et d'énergie. Ces
dernières qualités ne se seraient peut-
être pas développées dans le cours d'une vie
tranquille ; mais la sienne, devenue agitée,
décidait en elle de nouvelles émotions. Elle
avait appris à mépriser son tuteur, depuis
qu'elle habitait la maison de Clotilde ; là

7*

son innocence s'était éclairée : elle avait vu
sous ses couleurs véritables la conduite de
Clourfond, et maintenant qu'elle se connaissait un appui, le courage lui revenait,
et elle crut devoir profiter de la circonstance pour s'arracher à une dépendance
qu'elle ne pouvait plus supporter.

« — Monsieur, dit-elle en s'adressant
au fournisseur, et les expressions républicaines manquant souvent à sa jolie bouche,
le moment est arrivé où il faut que j'aie
avec vous une explication. Je vous prie de
me la donner tout de suite. Vous êtes mon
tuteur, je n'en ai jamais eu la preuve ; vous
m'avez toujours traitée avec une telle du-
reté que ma reconnaissance de vos soins a
toujours été comprimée ; vous m'avez tu
les détails de ma famille qui m'auraient
tant intéressée ; vous m'avez appelée Adélaïde Sendier, et il y a par le monde une
femme qui me donne un autre nom. »

« — Lequel? » s'écria Clourfond avec
une terreur inexprimable.

« — Celui d'Ernestine, » répondit sim-
plement la jeune fille.

« — O malédiction ! riposta le fournisseur. Et mon fils le sait-il ? »

« — Votre fils, Monsieur... votre fils. »
Et Adélaïde, troublée à son tour de cette
question imprévue, se mit à rougir et ne
termina pas sa phrase. Clotilde alors :

« —Non, citoyen. Ton fils, puisque tu sais
qu'il connaît Adélaïde, ignore son vrai nom
de baptême, non moins que celui de la maison de mademoiselle. Ce dernier n'a pas
même été révélé à celle qui a le droit de le
porter, mais il peut me plaire de le lui dire,
et certes tu trembleras si je le prononce. »

Clourfond ne répondit pas, quoiqu'un
instant de silence général parût l'y inviter.
Adélaïde reprenant la parole :

« — Je vous demande formellement de
me remettre mon acte de naissance et celui
qui vous nomme mon tuteur, et de m'expliquer pourquoi vous avez voulu faire
mon parent de cet homme (elle désigna

Renaud) qui certainement ne m'appartient point. »

« — Je n'ai aucun compte à vous rendre tant que vous serez mineure, repartit Clourfond avec plus de mauvaise humeur que de fermeté. La loi me donne sur vous des droits que je ferai valoir. »

« — Tu les perdras ces droits, dit Clotilde, s'il est vrai que tu aies dit que tu as voulu faire de ta pupille une prostituée. Je connais aussi bien que toi les lois qui se rapportent à ma triste profession, et les témoins ne manqueront pas, qui prouveront ta conduite envers Adélaïde. »

« — Drôlesse, dit Clourfond avec une rage mal déguisée, il y en a aussi pour punir ton infâme malice. »

« — Ne me la reproche point, reprit Clotilde avec véhémence, de peur que je ne te rende abominable à tes propres yeux ; tu ne te doutes point quels noms je puis prononcer qui t'écraseraient, ni quelles ombres je puis évoquer pour te perdre ; car, ajouta-t-elle presque en riant, je suis un peu sorcière, cela me vient de race, et si tu veux que je te dise ta bonne aventure, je te révélerai d'étranges choses du passé et de l'avenir. »

Renaud, désirant de sortir de la fausse position dans laquelle il se trouvait avec son ami, et voyant à qui ils avaient à faire, profita de cette sorte de gaieté, et tirant deux louis de sa bourse, les mit dans celle de Clotilde en disant :

« — Je tiens à connaître ma destinée, et l'on m'a toujours certifié que, pour l'apprendre dans toute son étendue, il faut payer d'avance. »

La Provençale regarda les deux pièces d'or, et puis les mit dans sa poche.

« — J'examinais, dit-elle, s'il en était de tes louis comme de toi; mais ils sont bons, toi seul ici as un faux titre : je te conseille de ne point tarder à te sauver, attendu que je pourrais me lasser de ta présence, et que si j'appelais la garde... »

Elle s'arrêta un moment, puis se tournant vers Clourfond :

« — Quant à toi, poursuivit-elle, je me réserve un meilleur moyen d'en finir, celui de te proposer de venir avec ta pupille à la municipalité ; là tu expliqueras tes droits, et moi je serai charmée de te rendre devant témoins ce marteau que tu m'as payé trop cher, il y a près de deux mois, pour que tu consentes à le laisser plus long-temps en mes mains. »

Et elle fit voir l'outil taché d'une rouille sanglante au fournisseur épouvanté. Ce dernier moyen dramatique produisit son effet : Clourfond, terrifié, prit le chemin de la porte sans mot dire, et fut suivi de Renaud, non moins confondu. Ni l'un ni l'autre ne songèrent plus à emmener Adélaïde, elle leur échappait dès ce moment; le soin de leur propre sûreté les occupait seul, et la vue du marteau avait fait sur eux ce qu'aurait produit celle de la hache de mort levée sur leur tête. Lorsqu'ils furent descendus jusqu'au premier étage, le fournisseur s'arrêta ; il prit la main de son ami, et s'approchant de son oreille :

« — As-tu un couteau? » lui dit-il.

« — Non, » reprit Renaud qui devinait sa pensée, et qui eut effroi de son exécution.

« — Tant pis ; toutes les deux seraient parties ensemble, et nous aurions fini à tout jamais avec elles. »

Le colloque terminé à ces mots, l'un et l'autre continuèrent à cheminer sans plus se rien dire et même sans se regarder.

CHAPITRE X.

RÉVÉLATION INATTENDUE.

Nullum ad noscendum tempus augustum est malis.

Sénèque , *Médée* , acte 3 , scène 1.

Les méchans trouvent toujours l'occasion de nuire.

Adélaïde, demeurée seule avec Clotilde, ne put se retenir de l'embrasser tendrement.

« — Que ne vous dois-je pas ! dit-elle, vous étiez choisie pour me faire perdre l'honneur, et vous avez conservé ma vertu ; vous avez non moins fait, car sans vous je les aurais suivis. »

« —Et vous auriez perdu la vie. »

« —Le croyez-vous ? »

« —Je connais l'un, ma chère Adélaïde; il me sert à me montrer quel doit être l'autre. Ce sont des malheureux dont vous avez tout à craindre et dont il faut vous garder. »

« —Pensez-vous que mon tuteur revienne? »

« —Je ne crois pas; je l'ai trop effrayé, sans que je sache comment : il m'est démontré que le marteau, dont la forme n'est pas ordinaire, lui a servi à commettre un crime; mais je n'en ai pas de preuve, et je ne dois pas m'en occuper : j'ai donc en mon pouvoir un moyen sûr de le tenir. Dailleurs, Saint-Just, si je me fâche, me garantira de lui. Vous seule m'inspirez des craintes. Voilà qu'il est instruit que son fils vous connaît; ceci positivement le contrarie plus que tout le reste, car vous n'êtes pas la belle-fille qu'il voudrait se donner. En conséquence, il nous faut prendre vis-à-vis de lui des précautions qui l'empêchent de se porter à des extrémités violentes. »

Adélaïde, intimidée à son tour, montra une terreur véritable ; il fut convenu que la serrure de la porte d'entrée serait changée dans la journée, et que la jeune fille ne répondrait jamais à ceux dont la voix lui serait inconnue. Elle pria Clotilde de taire à Helbert ce qui venait de se passer.

Clotilde, par d'autres raisons, fut de son avis. Helbert, qui vint le même soir, ne sut rien de la scène de la matinée ; aussi dut-il être surpris lorsque, de retour à la maison paternelle, il observa que son père l'examinait avec une inquiétude marquée, comme s'il eût attaché un grand prix à connaître quelles pouvaient être en ce moment les pensées secrètes de son fils. Il soutint avec tranquillité ce regard scrutateur ; la paix de son visage, la sérénité de ses manières embarrassèrent le fournisseur.

« —Ou il ne sait rien, se disait-il, ou il se déguise avec un art que je lui envie ; pourtant est-il possible que cette jeune fille, ou que cette drôlesse qui les sert si bien, ne lui

aient rien conté de notre escapade de la
matinée : il faut absolument que je le sa-
ché, Ne les aurait-il pas vues encore? ceci
se pourrait plutôt. »

Perdu au milieu de ces diverses con-
ectur es, il appela Helbert près de lui, et,
brusquant sa demande , afin de mieux le
prendre à l'improviste, il lui dit :

« —Ou as-tu passé ta soirée? »

« —Çà et là, ▸ répondit le jeune homme
en rougissant.

« —Chez des amis ou bien chez cette
belle créature qui vaut mieux que mademoiselle de Terneuil ?»

« — Elle est, mon père , au moins plus
malheureuse, puisque je suis seul à m'inter-
resser à elle. Son tuteur.... »

« —Et tu le connais? »

« —Oui, mon père, et son nom me plonge
dans un désespoir profond. »

« — Helbert, répliqua le fournisseur
d'un tont de voix solennel et après un
instant de silence, nous avons des torts
nombreux et réciproques ; tes torts sont

plus grands que les miens néanmoins, parce qu'ils proviennent de ta dissimulation à mon égard ; si tu avais mis de la franchise à me désigner la personne dont tu étais épris... Il faut que je te parle, non pas ici et pour cause ; mais, avant de te coucher, attends-moi dans ta chambre ; j'y monterai; nous serons seuls, et là je te dirai, mon pauvre enfant, combien tu t'es donné de chagrin pour ta vie future. »

Il quitta Helbert à ces derniers mots, et fut rejoindre le reste de la compagnie. Helbert, lui au contraire, demeura dans la partie écartée du salon où son père l'avait amené; il cherchait à deviner ce que celui-ci avait à lui dire, quelle révélation il lui ferait , mais vainement mettait-il son esprit à la torture, il ne put jamais imaginer rien de satisfaisant. Édouard, s'apercevant de cette morne rêverie , vint à lui pour la faire cesser.

« — Qu'est-ce qui te tourmente ? » lui demanda-t-il avec une tendre sollicitude.

« —Ce que j'ignore, répliqua-t-il, ce qui pèse sur mon cœur d'un poids d'autant plus immense que je ne puis en apprécier l'étendue, enfin quelques paroles mystérieuses de mon père. »

« — Veut-il les éclaircir ? »

« — Oui, ce soir, lorsque nous aurons quitté le salon ; et demain, Edouard, je te les répéterai à ton réveil. »

« — Je ne saurais attendre jusque là, puisque tu veux les confier à mon amitié ; permets-moi de venir dans ta chambre, dès que ton père t'aura quitté ; je passerais sans cela une nuit trop pénible, dans la crainte où je serais en te soupçonnant plus malheureux. »

Ce point accordé sans peine par Helbert, les deux amis se quittèrent. L'heure de la retraite sonna peu après ; le fils de la maison monta dans sa chambre, renvoya son domestique, et se promena d'un pas hâtif, en attendant l'instant d'une entrevue qu'il prévoyait douloureuse. Clourfond se retarda peu ; il arriva portant à sa main plusieurs papiers,

qu'il posa sur une table, fit un signe affectueux à son fils, qui lui témoignait son
respect, et puis s'assit de manière à pouvoir
prendre avec facilité les papiers dont il
s'était muni. Helbert vit ces préliminaires
avec une inquiétude toujours croissante; il
apercevait sur le front de son père quelque
chose de sombre et de souffrant, et, au moment de connaître ce qu'il avait un si vif
désir d'apprendre, il avait presque envie
de reculer ce que naguère il appelait de
tous ses vœux. Clourfond lui dit enfin :

« — Je suis auprès de toi dans une position difficile ; il faut que je m'accuse, si je
veux te sauver; il faut que je me montre à
toi sous un jour défavorable pour t'arracher
au crime, pour te rendre à la vertu. »

Un début pareil était propre à augmen-
ter le trouble du jeune homme, à faire
naître d'étranges soupçons dans son esprit ;
il ne parla pas, il se contenta de regarder
son père, comme pour l'inviter à continuer
ce qu'il avait commencé. Celui-là, chan-
geant de propos, au moins en apparence,

lui demanda si sa maîtresse se nommait Adélaïde Sendier. Helbert put à peine répondre affirmativement.

« — Où logeait-elle, il y a deux mois environ ? »

« — Rue du Parc-Royal. »

« — Maintenant ? »

« — Rue d'Argenteuil, n°...»

« — C'est bien elle, dit Clourfond, comme se parlant à lui-même ; la Providence n'a pas voulu m'épargner cette calamité. Tu dois voir, Helbert, que je suis instruit de ton amour pour cette pauvre fille ; je le sais depuis ce matin seulement, et dès lors je suis plongé dans un désespoir que je ne saurais te peindre, et dans des remords que je ne peindrais pas mieux. J'avais le désir de te marier à mademoiselle de Terneuil ; ta passion, que tu me dévoilas naguère, me contraria dans le plus cher de mes vœux ; je formai soudain le projet de parvenir jusqu'à ta maîtresse, et de te séparer d'elle. Pour ton bonheur et pour mon repos je me préparais à une lutte longue et pénible; j'étais résolu à n'épargner ni les démarches ni l'argent; car pouvais-je me douter que ton choix avait été fait avec tant de malheur, qu'il me suffirait d'un mot pour éteindre cette flamme insensée? »

Helbert fit un geste d'effroi; son père le vit, soupira, et poursuivit.

« — Tu sauras que j'attachai des espions à ta personne; ils t'ont suivi tout un jour, et tu as passé plusieurs heures dans la même maison en deux reprises différentes; ils ont pris des renseignemens, et sont venus me dire que la belle adorée était une fille de Paris que l'on nomme, dans la rue d'Argenteuil, Clotilde la Provençale. Ces hommes ont pris le change : je n'ai pas fait comme eux; dès que j'ai connu ce lieu, j'ai deviné la vérité; leur aveu m'a prouvé que le vice sans pudeur ne captivera jamais tes affections. Mais en même temps une horreur invincible m'a saisi, j'ai apprécié l'abîme au pied duquel tu marchais; et je me suis commandé de t'éclairer, afin que plus tard tu ne puisses me reprocher le crime que mon silence te laisserait commettre. »

Clourfond se tut ; il parut, aux regards de son fils, accablé par la force de sa douleur. Il cacha sa tête dans ses mains, et demeura ainsi un assez long espace de temps. Helbert, agité avec non moins de violence, ne put demeurer en repos ; il se leva de la chaise qu'il avait prise, marcha avec promptitude, puis s'arrêtant tout à coup, et croisant ses bras sur sa poitrine :

« — Mon père, au nom de Dieu, tirez-moi de l'anxiété horrible qui me dévore ! Qu'allez-vous m'annoncer de si fatal ? »

« — Si tu as grande hâte que je m'explique, je ne suis pas aussi pressé que toi ; il m'en coûte de m'humilier à tes yeux, de me montrer à mon fils sous un aspect qui doit m'enlever une portion de son estime, qui me donnera les dehors d'un homme sans foi, sans délicatesse. Cependant, poursuivit Clourfond en frappant la table voisine dans un mouvement de colère, il faut bien que je vienne à cette affreuse extré-

mité, puisque ses passions déchaînées m'y
forcent; oui, il convient que je m'immole
pour le sauver. »

« — Mon père, dit Helbert d'une voix
altérée, vos réticences, votre embarras me
jettent dans d'étranges positions; je souffre
non moins que vous du sacrifice que vous
allez faire, et mon bonheur serait grand de
vous l'éviter. »

« — Tu le peux, mon fils, et, par un
mot qui me comblera de joie, renonce à
ton amour : et je recouvrirai le passé d'un
voile éternel. »

Helbert parut hésiter; Clourfond crut un
instant à la victoire ; mais le jeune homme
répondit en rougissant, et néanmoins avec
une fermeté décisive :

« — Ceci ne se peut pas, mon père, à
moins que la force morale ne m'y con-
traigne. Dans ce dernier cas, je me sou-
mettrai à la destinée. »

« — Eh bien! reprit le fournisseur, non
sans dépit, puisqu'il n'y a dans ton âme
aucune générosité envers moi; voici ce que

j'ai à te dire : Tu voudrais Adélaïde Sendier pour ta femme? »

« — Oui, mon père. »

« — Cela ne se peut, mon fils; un obstacle s'y oppose... elle est ta sœur ! »

« — Ma sœur! »

« — Voilà ce que je voulais taire, voilà
le secret affreux qu'il m'importait tant de
garder enseveli dans un profond mystère.
Tu en as exigé la révélation : je l'ai faite ;
tu me demanderas les preuves de ce que
j'avance : elles sont contenues dans les papiers que j'ai apportés avec moi; prends-
en connaissance; convaincs-toi du rôle
odieux que ton père a joué dans une maison
respectable; ne ménage rien, il faut que je
sois accablé jusqu'au bout. »

Il aurait pu parler plus long-temps encore; Helbert, certes, ne l'eût pas inter-
rompu. Epouvanté de la révélation qui lui
était faite, ressentant dans son cœur une
frayeur religieuse, à peine s'il avait assez
de force pour conserver l'usage de la raison.
Son père cependant lui présentait les

papiers dont il lui parlait; il les refusa par un mouvement de main, et Clourfond les posa sur la table de nouveau. Helbert, cherchant vainement à se vaincre, et ne pouvant y parvenir :

« — O mon père! s'écria-t-il, c'est là une atroce confidence; pourquoi tant tarder à me la faire? pourquoi, dès que j'ai eu quinze ans, ne m'avez-vous pas dit : Mon fils, il existe une sœur que tu peux rencontrer; tu peux, sans la connaître, l'aimer d'amour; viens, que je te la montre, afin d'épargner à ton cœur des déchiremens horribles? Je l'aurais vue, je l'aurais aimée honnêtement; je vous aurais engagé à lui donner une portion de votre fortune; nous l'aurions soustraite à la misère, à l'infamie; et vous auriez rempli vos devoirs : mais non, cette conduite était trop honorable; une autre vous a mieux convenu; il a mieux valu en effet m'exposer à l'inceste, et surtout jeter votre sang dans une maison de débauche et de prostitution! »

« — Mon fils! » s'écria le fournisseur.

« — Vous l'avez fait, mon père! vous l'avez fait volontairement. On sait au ciel quel est le motif abominable qui vous a fait agir; quant à moi, je l'ignore : il me serait trop affreux maintenant de chercher à le démêler, vous me faites rougir de vous et de moi. Vous me rendez le plus misérable des hommes; la vie m'est en horreur, et j'espère que quelque balle ennemie m'en délivrera bientôt. »

« — Etes-vous homme, Helbert? êtes-vous un insensé frénatique? oubliez-vous à qui vous parlez? Je ne retrouve rien de mon fils dans les outrageantes paroles que vous venez de m'adresser, je me flatte que demain vous en aurez du regret; quant à ce soir, je vous laisse à votre furie, il faut au moins le repos d'une nuit pour la dissiper. »

Clourfond partit après avoir parlé ainsi. Son fils ne put l'accompagner; il demeura à la même place, et les yeux fixés sur les papiers que son père lui avait laissés. Il était encore dans cette situation douloureuse, lorsqu'il se sentit enlacé dans les bras

d'Edouard, qui venait d'entrer, et qui était
parvenu auprès de lui. Surpris de le trouver
immobile, il l'embrassa tendrement, afin
de lui rappeler qu'il avait un ami prêt à
compatir à ses peines. Helbert éprouva
un instant de douceur au milieu de l'amertume de ses peines. En reconnaissant
Edouard, il lui rendit ses pures caresses,
et, penchant sa tête sur son sein :

« — Oh ! lui dit-il d'une voix tremblante,
suis-je un homme ! regarde mes yeux, ils
sont remplis de larmes, et mon cœur est
étrangement déchiré. Edouard, je n'ai plus
de courage, et moi qui, sur un champ de
bataille, n'ai pas craint la mort, je me
trouve sans vertu en présence de mon in-
fortune. »

« — Helbert, répliqua Edouard, je comprends que ta conversation avec ton père a
dû être vive et douloureuse. Certainement,
au désespoir que tu étales, ce ne sont point
de vils intérêts pécuniaires dont il t'a entre-
tenu. »

« — Non, ceux-là n'auraient pas effleuré

mon cœur; il faut que je renonce à Adélaïde. »

« —Est-ce de ton propre consentement?»

« — Oui. »

« — Tu m'étonnes! »

« — Je préfère t'étonner que te faire
frémir. »

« — A-t-il acquis, ton père, la preuve
fatale qu'elle était corrompue? »

« — Elle a toujours la candeur des anges ;
c'est moi qui suis un malheureux. Edouard
s'écria-t-il en se jetant dans les bras de celui-ci, il faut absolument que je te révèle
ce qui se passe, bien certain que je suis
d'être non haï, mais plaint par toi. Cette
Adélaïde, cette créature adorée, dont j'attendais mon bonheur, est la fille de mon
père, ma sœur enfin. »

Une exclamation de surprise douloureuse
échappa à Edouard ; il se récria, lui aussi,
avec une sorte de terreur, à la révélation
de cette affreuse nouvelle; puis, mêlant
ses larmes à celles d'Helbert, il essaya de
lui donner des consolations que son cœur

n'approuvait pas. Helbert ne les écoutait
que par complaisance; cependant il lui fut
doux de pouvoir parler de ce qui le dé-
chirait, et il finit par se rappeler que son
père, en le quittant, lui avait laissé les
preuves de son assertion pénible; il les
montra à son ami.

Edouard dénoua les cordons qui liaient
ces feuilles écrites; il lut avec attention
chaque pièce, ce qui fut long. Helbert allait
et venait, toujours animé par une agitation
croissante; il regardait souvent son ami,
avec la pensée qu'il allait lui rendre la vie
en lui disant que tout était faux dans ces
écrits : il n'obtint pas cette satisfaction.
Edouard trouva tout en règle; c'était une
correspondance corroborée d'un acte de
naissance qui établissait d'une manière évidente tout ce que le fournisseur avait
avancé. Une femme de la classe la plus
basse était la mère d'Adélaïde Sendier;
elle vivait encore dans un coin du Bas-Lan-
guedoc, et son amant lui payait chaque an-
née une pension de douze cents francs,

Edouard, atterré par la sincérité de cette découverte, ne put que l'exprimer en peu de mots. Helbert cessa de douter, il demanda des conseils dont il avait besoin, et qu'il était bien décidé à suivre.

« — La fuite, Helbert, l'absence, voilà ce qu'il y a de mieux. Va, hors de Paris, chercher le repos dans une agitation qui t'est nécessaire. »

« — Oui, je reviendrai à cette armée dont je n'aurais pas dû m'éloigner, j'y rencontrerai ce qui m'est nécessaire, j'y perdrai le souvenir du passé, et, comme je l'ai dit à mon père, une balle de l'ennemi... »

« — Ne songeras-tu pas à tes amis ? peux-tu d'ailleurs, souffrant encore de tes blessures, aller chercher des combats dont tu ne pourrais soutenir le poids ? c'est à l'intérieur qu'il te faut voyager. »

« — Où irais-je ? partout la fureur révolutionnaire étend ses ravages, partout le sang des citoyens coule sous la main du bourreau. Eh bien ! oui, je voyagerai ; on me soupçonnera peut-être, et de suspect...»

« — Autre folie ! calme-toi. »

« — Je ne la verrai plus ! »

« — Peux-tu la revoir ! le désires-tu ? »

« — Non, non ! quoique je l'adore avec
toute la véhémence de mon caractère ; ma
vie tout entière lui sera dévouée. Edouard,
elle ne peut être ma sœur ; sais-tu bien que
je l'ai déjà questionnée sur sa première enfance, et qu'elle ne me l'a dépeinte que sous
un aspect autre de celui que lui donne mon
père ? Il faut, Edouard, que je la revoie,
que je m'explique avec elle, et que j'assure
au moins son existence ; il me serait trop
pénible de la voir soumise à un père qui
la hait, car il a voulu la flétrir ! »

« — Helbert, dit Edouard, ne va pas
manquer de prudence ; conçois-tu l'embarras de ta position vis-à-vis d'elle ? laisse-
moi prendre le soin de lui parler, de la
préparer à sa nouvelle fortune ; tu sais la
vive amitié que je te porte, tu ne peux
douter de l'intérêt que je mettrai à te
servir. »

Helbert était trop tourmenté pour fixer encore ses idées ; la nuit entière s'écoula dans cette discussion, et, au milieu des transports d'une douleur qui ne faisait que s'accroître, ce fut seulement aux approches du jour que les deux amis se séparèrent, et le sommeil ne les dédommagea pas des angoisses de cette nuit de désolation.

CHAPITRE XI.

UN NOUVEL ACTEUR EN SCÈNE.

L'homme de bien ne doit pas craindre d'attaquer les méchans avec ses propres armes.

LE NOBLE.

« — ENTREZ, Renaud, et fermez soigneusement la porte. »

« — Eh bien ! avez-vous réussi ? »

« — Je le crois ; la victoire est à nous, tout me l'assure. Il m'a fallu frapper le grand coup ; je l'ai fait, et mon cher fils commence à comprendre qu'il ne lui est guère possible d'épouser sa sœur. »

« — Voyez combien il a été bon d'avoir pris ses précautions à l'avance! ce qui ne sert pas pour les uns sert à l'égard des autres. Ainsi voilà une forte épine dont vous vous êtes délivré. »

« — Ce n'a pas été sans cris, sans fureurs, sans reproches. Savez-vous qu'il m'a traité cavalièrement, et que celui-là aussi s'est permis de jeter à ma tête que j'avais mal fait de loger ma fille dans un mauvais lieu? »

Et Clourfond se livra à un accès de gaîté satanique. Renaud, plus maître de lui, ne la partagea qu'avec modération, puis il dit :

« — Nous avons tort de rire, tandis qu'un vrai péril nous menace. Cette Provençale, sorte de démon féminin, m'inquiète. Elle vous connaît, mon ami; elle connaît, je ne sais comment, l'origine d'Adélaïde. Ne seriez-vous pas curieux de lire clairement dans cette créature? Vous m'avez dit qu'elle vous a toujours maltraité; elle possède, en outre, cet instrument accusateur... On ne

me persuadera pas qu'une fille des rues soit
à l'abri d'une séduction à prix d'argent, et
qu'elle refuserait une forte somme, soit
pour consentir à nous rendre votre pupille, soit pour se taire désormais sur ce
qui vous concerne. »

« — Je sais, répliqua Clotirfond, que
l'or est un argument irrésistible ; je ne
m'oppose point à ce que vous l'employiez
auprès de cette misérable. Elle a de l'au-
dace, parce qu'elle fréquente des chefs de
la convention ; mais, comme ils ne peuvent
l'enrichir, parce que la plupart sont pauvres eux-mêmes, je présume qu'elle céde-
rait à vingt ou trente mille francs que nous
lui offririons. »

« — Mon opinion est la vôtre ; elle nous
servira à ce prix, bien loin de nous nuire. »

« — Mais je ne puis me mêler de cette
négociation ; ma seule présence l'irrite. »

« — Je me flatte que la mienne ne peut
produire sur elle le même effet, et je vais
ce matin même entamer une affaire que

nous avons intérêt à terminer. Je tiens à
partir pour *ma* terre avec Adélaïde. »

« — Et moi, Renaud, quelque somme
qu'il m'en coûte, je ne serai heureux que
lorsque je vous aurai vus partir. Ne perdez
donc pas de temps ; courez travailler à l'é-
tablissement de votre fortune et à la con-
solidation de la mienne. »

Ils en étaient ici de leur conversation,
lorsqu'un domestique frappa à la porte de
la chambre ; et, lorsque le fournisseur lui
eut demandé ce qu'il voulait, il répliqua
qu'il portait une lettre très-pressée qu'un
monsieur assez mal vêtu lui avait remis,
comme il rentrait dans la maison.

« — Quelque mendiant réclame mes secours, sans doute, par cet écrit, » dit Clourfond en allant ouvrir le verrou.

Il prit la lettre, la retourna dans ses
doigts, avant que d'en rompre le cachet ;
puis, l'ayant ouverte avec nonchalance, il
comptait lire de même. Mais peu à peu sa
curiosité s'éveilla, il prit un vif intérêt
cette lecture ; et, quand il l'eut terminée, il

jeta la lettre avec violence sur le parquet qu'il frappa du pied avec non moins de colère.

« — Qu'est-ce? dit Renaud presque effrayé; avez-vous à supporter le poids de quelque banqueroute? »

« — Non, de par tous les diables! repartit le fournisseur en blasphémant; je serais trop heureux de troquer ce que je viens d'apprendre par ce maudit papier contre ce que vous soupçonnez: quelque perte que je dusse faire, soyez assuré que je gagnerais en retour. »

« — C'est donc une bien mauvaise nouvelle? »

« — Oui, une très-fatale et qui va nous jeter dans d'étranges embarras. Je dis nous, car vous y serez compris non moins que moi. Prenez cette lettre, lisez-la tout haut; pour votre profit d'abord, et puis je ne serais pas fâché de l'entendre. »

Renaud se hâta de profiter de la permission; il ramassa la missive, s'approcha de la fenêtre, et se mit à lire les paragraphes suivans.

« Berlin, 4 mars 1794.

» Mon cher Clourfond, j'ignore à quelle » époque ceci vous parviendra. Je prends » toutes les précautions possibles pour que » ma lettre arrive dans vos mains sans malencontre et surtout sans vous compromettre. Je désire vivement rétablir entre » nous deux une correspondance qui me » procurera une vive satisfaction. Voilà près » de cinq années que j'ai perdu mon père. » A peine s'il m'a été possible de le voir à » ses derniers momens. Il m'a transmis son » amitié, son estime pour vous ; et je suis » persuadé que vous méritez l'un et l'autre.

» Je ne suis pas de ces émigrés qui ont » porté les armes contre leur patrie ; il m'aurait été impossible de prendre ma part de » victoires qui eussent contribué à son ffai-

I.

» blissement. Je me suis marié à Berlin avec
» une fille de qualité dont les vertus et les
» charmes assurent mon bonheur. Je tais
» les biens immenses qu'elle a apportés dans
» la communauté.

» Mon contentement devrait être com-
» plet, et ne l'est point ; le sort de mes sœurs
» chéries, de ma vieille et bonne tante de
» Bellerive, m'inquiète toujours. Je me flatte
» que vous veillez sur elles avec un vif inté-
» rêt ; que vous ménagez, en vrai tuteur,
» leur fortune : et pourtant la position de
» mes sœurs m'inspire des craintes sérieuses.
» Elles sont en âge d'être mariées ; elles sont
» belles peut-être : combien il me serait
» affreux d'apprendre que vous avez été forcé
» de les donner à quelque jacobin enragé,
» à tel conventionnel dont l'alliance me don-
» nerait le coup de la mort !

» Ne pouvant aller moi-même à la décou-
» verte de ce qui se passe en France con-
» cernant ma famille, à cause des dangers
» imminens que me présenterait cette ten-
» tative, je dépêche auprès de vous mon

» intendant actuel. C'est un jeune homme
» bien né qui mérite des égards. Je vous le
» recommande. Traitez-le de votre mieux,
» mettez-le en présence de ma tante, si elle
» vit encore, et de mes sœurs. Il réglera tout
» avec vous, et, comme il est attaché à la
» légation de Prusse, il se flatte de parve-
» nir à amener mes sœurs hors du terri-
» toire de la république et auprès de moi.
» Je vous répète qu'il possède toute ma
» confiance, et que j'approuve d'ores et déjà
» tout ce qu'il fera auprès de vous. Il a des
» lettres pour ma famille : aussi dans la vôtre
» je ne dis rien à celle-ci, ne sachant où elle
» est maintenant.

» Adieu, mon cher Clourfond ; je suis
» pour la vie votre affectionné,

» SALVIEN, comte de TERNEUIL. »

« — Eh bien, Renaud, que vous semble
d'une pareille missive? »

« — L'enfer est après nous ; c'est certain.
J'ai eu toutefois une frayeur plus forte, celle

que le jeune seigneur n'arrivât lui-même; alors tout aurait été perdu. »

« — Il réclame ses deux sœurs. »

«—L'une est décédée; vous la remplacerez par son extrait mortuaire. Il est bien en règle; c'est moi qui l'ai levé. »

« — Et l'autre, au moment où je voyais jour à lui faire épouser mon fils! »

« — Ceci devient embarrassant; mais avec du courage et de l'adresse on peut s'en sortir encore. »

« — Oui, le comte de Terneuil hors de France, l'avantage est de notre côté. Celui qu'il me dépêche n'est pas lui, n'a ni ses idées, ni ses principes, ni ses fantaisies; c'est un intendant enfin. J'en ai connu un grand nombre, mon cher Renaud, et pas un qui n'ait fait passer son intérêt avant celui de son maître. »

« — Celui-ci sera comme les autres; gagnez-le, il fera tout ce que vous voudrez.»

« — Oh ! s'il le faisait, sa part du butin serait bonne. Une pensée me frappe en ce moment : il faut que je la développe. Si elle réussissait, mon triomphe serait certain. »

« — Expliquez-la-moi; peut-être à nous deux la mûrirons-nous de manière... »

« — Non, je la garde pour moi; je veux vous surprendre, si elle s'exécute, et vous forcer à me proclamer votre supérieur en intrigue. Cependant, et sans vous arrêter, allez trouver cette coquine de Provençale; et laissez-moi donner des ordres tendant à faire arriver directement à moi tout individu inconnu qui demandera quelqu'un de ma famille.»

Renaud ne tarda pas à s'éloigner; il descendit la rue de Cléry, celle du Mail, le passage des Petits-Pères, traversa le Palais-Royal, et arriva dans la rue d'Argenteuil, but de sa course, et où il devait déployer le caractère de ministre plénipotentiaire. Il connaissait la maison; il monta au deuxième étage, et sonna à la porte de l'appartement de Clotilde, non sans avoir regardé avec inquiétude s'il pouvait être aperçu de sa prétendue nièce. On vint lui ouvrir, après l'avoir fait attendre un peu de temps. Celle qui le reçut n'était pas la belle Provençale, mais la mère Rascas, toujours polie d'ailleurs envers les hommes d'un certain âge et dont la mise annonçait l'aisance. Elle dit à celui-ci d'entrer, et l'introduisit dans la chambre à coucher de sa fille, qui servait de salon. Ce fut là seulemens qu'elle lui demanda ce qu'il y avait à faire pour son service.

« — Je voudrais, citoyenne, répondit-il, causer un moment avec une personne qui loge ici, et qu'on nomme Clotilde. »

« — Je suis sa mère, répondit Pétronille; elle est sortie, et ne tardera pas à rentrer. Ne vous en allez point, et veuillez prendre la peine de l'attendre. »

La politesse avec laquelle la vieille Rascas recevait cet étranger était accompagnée des formes obséquieuses et triviales en usage dans ces sortes de maisons. Renaud, en examinant Pétronille, en la voyant si cassée, si mal vêtue, espéra qu'il serait facile de se ménager, par son secours, un

appui dans la place qu'il venait attaquer.
Tout annonçait en Pétronille un amour
immodéré de l'argent, une démoralisation
profonde, la présence de tous les vices,
l'absence de toutes les vertus. Il se dit qu'ici
une faible somme serait suffisante pour
gagner une telle femme, et que par elle il
serait plus facile ensuite de parvenir à s'ac-
commoder avec Clotilde. En conséquence,
il se hâta d'entamer la négociation.

«—Les temps sont durs, » dit-il en com-
mençant par une thèse générale.

«—Oui, répliqua Pétronille. Le travail
est pénible, et le gain médiocre. »

«—De franches républicaines devraient
être heureuses. Souvent le bonheur man-
que à des personnes qui ne savent pas le
saisir au passage. »

«—Vous avez raison, citoyen; ce n'est
point au reste mon cas. Voilà cinquante
ans que je le guette, et je n'ai pu parvenir
encore à mettre la griffe dessus. »

Pétronille, en se servant de cette ex-
presssion, ne pouvait mieux dire. Ses mains

longues, ses doigts grêles, noirs et cro-
chus, représentaient plus l'arme d'un qua-
drupède féroce que d'une créature humaine.
Renaud, qui le vit, en éprouva quelque
gaieté; aussi continua-t-il avec moins de
solennité la conversation.

« — Prenez garde, ma bonne mère, dit-il,
d'être en faute aujourd'hui. Je viens
voir votre fille, non pour plaisanter avec
elle, mais pour lui parler sérieusement. »

« — Vous vous êtes mal adressé, citoyen,
en venant à elle, si vous avez des affaires à
traiter ensemble : elle déraisonne, dit-on,
la moitié de la nuit, et je vous certifie qu'elle
folie les trois quarts du jour. »

« — Cependant, j'ai le dessein de jaser
avec elle sur une matière grave. Au reste,
j'aimerais mieux m'en entendre avec vous,
si vous aviez du crédit dans son esprit. »

« — Et bien vous feriez, citoyen. On
peut me parler des choses les plus ma-
jeures; je sais les écouter, et, par sainte
Marthe! je saurai y répondre. Quant à ce
qui est de mon influence sur ma fille, elle

est peu de chose, lorsque je l'attaque en face ; mais avec un détour, j'arrive à elle ; et je la conduis à ma fantaisie. Voulez-vous qu'elle dise quelque chose à un représentant ? »

« — Non. Grâce à Dieu ! il n'y a rien dans ceci qui ait rapport à la politique. Il ne s'agit que de deux choses particulières ; l'une touchant votre locataire Adélaïde Sendier ; l'autre est relative à un outil de fer, qu'une personne de ma connaissance a acheté fort cher de la citoyenne Clotilde, qu'il a oublié et qu'il réclame. »

« — Ah ! ah ! dit la vieille en donnant à ses yeux une expression singulière. Vous venez au nom du citoyen Ambroise Clourfond, qui hier a eu, je crois, maille à partir avec Clotilde. »

« — C'est vrai. Elle s'est opposée à ce qu'il emmenât sa pupille, quoiqu'il offrît de payer le trimestre entier de l'appartement ; il s'en est suivi une scène désagréable, dont j'ai été le témoin à regret. »

« — Bon, c'était vous qui faisiez l'oncle ? »

« — Qui le suis, citoyenne, soyez-en persuadée. »

« — Soit ; cela m'est au fond très-égal. Je ne suis pas extravagante comme Clotilde ; je préfère écouter tranquillement les propositions qu'on m'adresse, les discuter ensuite, et voir si elles valent la peine de les accepter. »

« — Aussi êtes-vous une femme raisonnable. Or donc nous souhaitons emmener Adélaïde Sendier. Il paraît que votre fille a conçu une vive amitié pour elle ; cela mérite de notre part des marques de reconnaissance, et six mille francs lâchés de la main à la main, au moment où ma nièce sortira de la maison, pourront aider à consoler Clotilde de son absence. »

« — Oh ! citoyen, dans toutes les affaires de ce monde, il ne s'agit que de s'entendre, et je trouve que vous commencez à parler clairement ; mais qu'est-ce que six mille francs pour la participation qu'il nous faudra prendre à un grand crime ? »

« — A un crime ! » répéta Renaud en tressaillant involontairement.

« — Oui, à un crime, citoyen ; et s'il doit être commis par notre consentement, il faut au moins qu'il nous profite. Vous le voyez, je suis franche, et je ne vais point par quatre chemins. »

« — Mais vous êtes dans une erreur complète. Il ne convient pas à mon ami que sa pupille soit aimée de son fils ; ce mariage non plus me serait peu agréable, en ma qualité de parent d'Adélaïde. Je ne veux que la faire partir avec moi ; est-ce là un forfait répréhensible ? »

« — Non, sans doute, mon cher Judas, si la chose était comme tu le débites ; mais elle est tout autrement. D'abord, tu n'es point l'oncle d'Adélaïde ; tu dois savoir, comme moi, que ce n'est pas son nom véritable, tu dois connaître sa famille, et certes j'ai l'assurance que son sang n'est pas mêlé avec le tien. Clourfond, que je connais mieux, et d'après lequel je te juge, a voulu d'abord lancer sa pupille dans le vice, et cela avant de savoir que son fils en était amoureux. Maintenant il aspire à la faire disparaître, afin de se défaire d'elle plus paisiblement. C'est toi qui t'es chargé de cette dernière partie de l'intrigue, et ce ne peut être à l'avantage de la jeune personne. Or, pour se fourrer dans un tel embarras, c'est une bien mince somme que tu nous proposes. »

« — Le croyez-vous, malicieuse mère? il me semble pourtant que, lorsqu'il s'agit seulement d'accepter le congé d'une locataire, qui, non satisfaite de solder le mois qui court, abandonne encore tout le trimestre prochain, six mille francs paient assez cher cet acte de complaisance. »

« — Oui, je te le répète encore, s'il n'y avait rien au delà de ce départ; mais moi, qui ai la vue bonne, quoique mes yeux semblent éteints, j'y vois du sang... ou du poison, comme tu le voudras. Je connais Clourfond de corps et d'âme. »

« — La, la, malicieuse commère, ne maltraitez pas si fort le prochain. Pourquoi en avoir mauvaise idée? Six mille francs ne sont rien pour vous. Eh! que diriez-vous de dix mille? »

« — Que nous commencerons à parler la même langue, et voilà tout. Je ne sais quelle voix chante à mon oreille que la jeune personne a de grands biens, qu'elle est en position de devenir riche un jour; alors qui profitera de cette fortune? sera-ce votre ami? »

« — Vous vous trompez ici. La révolution a dispersé les propriétés des parens de la jeune fille; il ne reste plus rien pour elle : ainsi vous voyez..... »

« — Que je n'ai qu'un mot : il sera le dernier; et à ce prix, je ferai comme Pilate. Vous emmenerez Adélaïde, et je me laverai les mains. Je veux vingt mille francs. »

« — Au diable l'intéressée. N'avez-vous pas honte de demander si cher pour si peu de chose? Vingt mille francs! comme vous y allez. C'est une vraie volerie! »

« — Eh! savez-vous le mal qu'il m'en reviendra? Il faut, pour vous vendre ma

locataire, que je me cache de Clotilde, qui
ne consentirait à la céder à aucun prix. Je
me brouille avec ma fille, c'est certain; et,
si elle me met à la porte, je veux avoir mes
moyens d'exister. »

« — Allons, douze mille francs, et je
conclus. »

« — Vingt, ou je vous anéantis en dé-
voilant votre turpitude. »

« — Je ne puis prendre sur moi de vous
satisfaire, sans avoir vu mon ami; je vais
chez lui, et je serai de retour avant une
heure. A propos, avez-vous le marteau
acheté déjà? »

« — Oui, je sais où Clotilde l'a caché :
il vous reviendra par-dessus le marché. »

Renaud partit, pour aller faire part à
Clourfond des exigeances de la vieille misérable. Il s'applaudissait d'avoir rencontré
celle-ci, et il ne doutait pas que par son
secours leur victime fût livrée. Il voulait
se nantir de la somme demandée, afin, s'il
leur était possible, de conclure sur-le-champ
cet infâme accord. Le fournisseur l'attendait

avec impatience; il comptait les instans,
et parfois n'osait se flatter de réussir. La
vue de son agent, et l'air rayonnant ré-
pandu sur sa figure, lui fit espérer le succès.
Renaud acheva de le satisfaire en lui rac-
contant ce qui s'était passé. Clourfond
n'hésita pas à donner les vingt mille francs
tout en or. C'était, à cette époque, un trésor
immense; ils ne pouvaient être trouvés que
chez les hommes qui agiotaient, en pro-
fitant des calamités publiques. Clourfond
recommanda à Renaud, s'il ne pouvait emmener Adélaïde à l'instant même, de prendre
heure avec la vieille femme pour faciliter
cet enlèvement. Il était persuadé que,
malgré la sorte de résistance qu'Adélaïde
avait opposée la veille, celle-ci ne pro-
longerait pas un combat dans lequel elle
se trouverait sans auxiliaires. Renaud se
remit donc en course pour revenir chez la
mère Rascas.

A peine était-il sorti de chez elle que
Clotilde y revint. Elle trouva Pétronille
assise dans la cuisine sur une chaise, et

rêvant profondément. Son entrée ne la dérangea pas. Elle conserva la même immobilité. Clotilde, l'ayant d'abord examinée avec une sorte d'inquiétude, la prit par le bras, et la secoua vivement.

« — Eh! ma mère, revenez à vous : nous ne sommes pas au vendredi à minuit, et vous ne pouvez encore être partie pour le sabbat. »

« — J'en reviendrais tout exprès pour te rompre le cou, vrai gibier de potence, si tu valais la peine qu'on se damnât pour toi. Mais, Clotilde, poursuivit-elle d'une voix moins irritée, c'est bien mal à toi d'injurier ta mère au moment où elle espère t'assurer une bonne dot. »

« — Vous feriez là un coup d'or; mais je sais mieux que vous le secret d'amener la fortune au logis. Et ces quatre mille francs.... »

« — La belle vétille! tu peux bien en tirer vanité. Qu'est-ce pourtant auprès de ce que je vais y joindre? vingt mille francs, Clotilde, et tout autant. »

« — Oh! pour le coup, ma mère, si vous ne me faites pas un de ces mensonges qui passent si facilement par votre bouche sans la griller, je dirai que nous pouvons vendre le métier, et nous retirer à Marseille en honnêtes rentiers. »

« — Hélas! non; moi, au moins, je ne le puis. Je suis attachée à Paris... »

« — Ah! la sotte chose qu'un cœur au milieu de la vie que je mène! Des femmes telles que je suis ne devraient avoir qu'une jolie tête et qu'un bon estomac. Mais vos vingt mille francs, sur quels brouillards de la Seine les avez-vous établis? »

« — Sur des brouillards; non; sur du sang, à la bonne heure. »

« — Ne vous mêlez pas de dénoncer un pauvre émigré. Soyez républicaine; mais, au nom de Dieu, faites en sorte que nous puissions, pendant la nuit, ouvrir nos yeux, sans crainte d'entrevoir devant nous quelque apparition épouvantable. »

« — Il faut pourtant que tu t'y accoutumes. Au reste, le fantôme que nous verrons sera celui d'une personne de notre connaissance, de notre locataire d'ici près. »

« — D'Adélaïde! d'Adélaïde! s'écria Clotilde avec un transport extrême d'indignation. Ou vous êtes folle, ou vous ne voulez plus être ma mère. »

Pétronille, sans s'occuper de répondre à ces interpellations, continua froidement:

« — Son oncle est venu de la part du brave fournisseur. Ils tiennent à tirer leur pupille et nièce de notre maison ; ils veulent l'emmener je ne sais où, pour s'en débarrasser ensuite, et ils récompensent mon consentement à ceci par une somme de vingt mille livres. »

« — Vous l'avez acceptée? »

« — Refuse-t-on sa fortune? »

« — Bonsoir, ma mère. »

« — Ecoute-moi, Clotilde ; est-ce que tu ne me connais pas? »

« — Je sais que l'argent est votre idole; mais, dans cette circonstance, je croyais qu'il vous ferait horreur. Vous, la mère de nourrice de mademoiselle Ernestine, vous....... Ah ! que vous me faites mal ! »

« — Tu m'en fais bien davantage, louve détestable, qui juges sur les apparences, et qui te presses de maudire celle qui t'a portée dans son sein. Comme si tu n'aurais pas plus tard le temps de le faire ! Patiente un peu ; et puis tu me jugeras. Eh quoi ! il me sera défendu de profiter d'une occasion unique d'assurer mon existence aux dépens de qui de droit ? Je serai criminelle, parce que je me moquerai des coupables ? Va, folle que tu seras toujours, souviens-toi bien dorénavant qu'avant que la mère Roseau sacrifiât sa fille de lait, elle aurait vendu le monde entier, et toi-même à la suite. »

« — Pourquoi donc me tenter, méchante que vous êtes, par des paroles qui me mettent hors de moi ? »

« — Tu aimes bien à t'amuser ; ta pauvre vieille mère ne peut-elle aussi se réjouir à son gré ? Ah ! si tu avais vu le vieux fourbe en ma présence, se laissant prendre au piége que je lui tendais ! c'était plaisant !

Vrai comme le jour qui nous éclaire, le misérable ne me soupçonnait que d'avarice, et point d'avoir l'intention de me jouer de lui. »

On sonna peu après. Clotilde demeura dans la cuisine, et Pétronille fut ouvrir. C'était Renaud. Elle le mena dans la chambre où avait eu lieu d'abord leur première conférence, et là, sans façon, elle s'assit sur le canapé, à côté de lui.

« — Eh bien! mon cher ami, lui dit-elle avec moins de cérémonie, tu as couru vite, tu dois avoir chaud : un verre de vin du midi ne te serait pas désagréable; veux-tu le boepo ur te rafraîchir? »

Renaud refusa; il n'était point altéré, il préférait finir l'affaire.

« — Je porte, ajouta-t-il en riant, de quoi vous fournir le moyen de siroter chaque matin tout à votre aise. Vous vendez cher votre conscience, la mère; il y en a qui la don nent presque pour rien. »

« — Le s vingt mille francs sont-ils, demanda-t-elle, prêts à m'être livrés? »

« — Les voici en bel or; mais où est Adélaïde ? »

« — Dans sa chambre, prête à vous suivre, si je lui commande de partir; mais auparavant voyons la somme, car enfin nous avons le droit de nous méfier les uns des autres, et je ne veux agir qu'à bon escient. »

Renaud, pour toute réponse, tira de ses diverses poches les louis qu'il y avait placés, et les empila sur le chambranle de la cheminée. Quand ils y furent tous, Pétronille les compta avec une attention scrupuleuse; puis elle appela sa fille, qui parut aux yeux de Renaud étonné, et qui commençait à soupçonner un piège.

« — Mon enfant, lui dit-elle, tu sais où je dois avoir mis une moitié de lettre que tu voulais brûler l'autre soir, et que je te priai de garder? »

« — La voici, ma mère, » répondit-elle en la sortant de derrière un miroir penché qui se trouvait entre les deux fenêtres.

« — Mets-la dans cette enveloppe, que

tu as faite hier au soir. Joins-y les mots
que je vais te dicter. »

Clotilde s'assit devant une table, prit du
papier, trempa sa plume dans l'écritoire.
Pétronille lui parla à voix basse. Clotilde
écrivit, cacheta le tout, puis, appelant un
commissionnaire stationné au coin de la
rue, elle le fit monter dans l'appartement.
Alors la mère Rascas se tournant vers
Renaud :

« — Croyez-vous, lui dit-elle, que cet
homme rencontre votre ami chez lui ? »

« — Il y est, répondit-il, à m'attendre
avec sa pupille. »

« — Jean, dit Pétronille, porte ce pa-
quet à son adresse; il y a réponse, va vite,
et reviens de même Le commissionnaire
s'éloigna, et Clotilde sortit aussi de la
chambre. Renaud, surpris au dernier point,
ne savait plus que dire ou que faire. Il
couvait de l'œil l'or qu'il n'osait plus re-
prendre, attendant avec trouble ce que
Pétronille allait décider. Enfin il se hasarda
à lui dire :

« — Cette somme vous plaît-elle? ou faut-il que je la remette d'où je l'ai sortie?»

« — Non, dit l'interlocutrice avec une tranquillité parfaite; je tiens plus que jamais à l'avoir en ma possession; mais il m'est venu une fantaisie. Vous voulez me la donner à condition que je vous livrerai votre nièce, et moi, je voudrais garder l'une et l'autre : c'est ce que je demande à Ambroise Clourfond. Peut-être aura-t-il assez d'obligeance pour me rendre ce service. »

« — Vous radotez à ce coup, répliqua Renaud, ou vous vous jouez de ma bonne foi. »

« — Non, je vous dis vrai. Attendons le retour du commissionnaire; il vous portera la réponse de votre ami, et je vous jure, par Saint-Victor et Saint-Lazare, que, s'il refuse, je renonce à tout droit sur cet argent.

Renaud ne concevait pas cette extravagance. Il fut convaincu que la raison de Pétronille était perdue; il tâcha de ramener celle-ci à l'exécution pure et entière de leur accord. Elle y consentait bien ; mais auparavant, disait-elle, il faut que Clourfond ait répondu. La chose resta là jusqu'au retour du comissionnaire. Celui-ci en entrant s'adressa à Pétronille :

« — La lettre n'est pas pour vous, mais pour le citoyen Renaud. »

« — Le voilà, mon garçon. »

Et Renaud s'empara avec empressement du billet de son ami.

« Sortez en toute hâte de cette maison
» infernale ; abandonnez l'argent et la fille :
» nous sommes joués, et je suis perdu. »

FIN DU TOME PREMIER.